M&Aで
外食は
年商
30億円を
突破できる

照井久雄 著
インクグロウ株式会社 取締役

はじめに

今回、本を出版しようと考えたのは、いま外食産業においてM&Aという戦略がごく一般的な成長戦略になってきているからです。私の仕事は、M&Aを実現するために企業の間に立ち、M&Aの実現をお手伝いすることです。

仕事柄、よく「成功するM&Aを一言で言うと何ですか」と聞かれますが、その際に私は、それは「同志的結合」であると伝えています。「同志的結合」という言葉は、ソフトバンクを創業した孫 正義氏が大切にしている考えかたであり、もとをたどればシャープの副社長であった佐々木 正氏が孫氏に教えた考えかたです。これは読んで字のごとく、同じ志を持った仲間がより大きな企てを実現するために、一緒になるということを意味します。

私が考える成功する（している）M&Aとは、まさにこの「同志的結合」の上に成立しているものです。今回、本を執筆するにあたり、取材をさせていただいた、クリエイト・レストランツ・ホールディングスの岡本晴彦社長、DDホールディングスの松村厚久社長の考えかたも、まさに「同志的結合」であるのではないかと思います。

たとえば、インタビューの中で岡本社長が強調された「グループ連邦経営」とは、志を持った経営者たちが集まり得意分野を伸ばしながら成長していくという思想ですし、松村社長がおっしゃっていた「目的はあくまで人である」「一緒にやりたい経営者と一緒になる」ということもまさに「同志的結合」であると思います。

ですから、これからM&Aを活用して企業成長していきたいと考えている経営者にまず最初に行なっていただきたいのは、「志」をどこに置くかを明確にすることです。

これは、経営理念やビジョンという言葉に置き換えることができるかもしれませんが、自身あるいは自らの企業がどのような「志」を持って事業をしているのか、その「志」を実現するために、どのような企業と「同志的結合」（＝M＆A）をするべきかを明確にするということです。それによって組むべき相手も、M＆Aの目的も変わってくるでしょう。

これは、買収側だけの理屈ではありません。売却側の企業も、どのような「志」がありその「志」を実現するために、どのような企業と組むかということを考えることが大事です。大きな「志」を実現するために、お互いの強みを発揮し弱みを補完し合いながら成長していくことこそが、成功するM＆Aなのです。つまり、過去にあったような「買ったほうが強く、売ったほうが弱い」という時代は終わりました。

そのことを背景に本書の事例を読んでいただけると、ファンドと組む場合、事業会社と組む場合、ともに背景には「同志的結合」があることをご理解いただけると思います。

先に触れたように、M＆Aはいまや一般的な経営戦略となっています。中小の外食企業にとって年商30億円がひとつの壁とされていますが、それを早期に達成するためにもっとも有効な戦略がM＆Aといえるでしょう。

多くの企業が「同志的結合」することで、外食産業をより楽しいものにしていただきたい。そのほんの小さな一助に、この本がなればと思います。

照井久雄
２０１８年8月

目次

第一章 知っておくべきM&Aの基礎知識

正誤表

『M&Aで外食は年商30億円を突破できる』に誤りがありました。

◆一〇一頁　七行目

【誤】スプラウトインベストメント

【正】おいしいプロモーション

ここに訂正するとともに深くお詫び申し上げます。

柴田書店

第二章

実例で学ぶ、外食企業のM&A戦略

第三章

台頭するファンドのM&A活用事例

カバーデザイン／青木宏之（Mag）
本文デザイン・レイアウト／石阪純子（㈱アド・クレール）
編集／『月刊食堂』編集部

※本書は㈱柴田書店刊『月刊食堂』２０１７年８月号〜２０１８年９月号掲載の連載「事業継続と人材救済のための M&A照井ゼミ」の内容に新たな取材を加えて再編集したものです。

第一章

知っておくべきM&Aの基礎知識

外食業界でM&Aが注目される理由

M&Aと聞くと、敵対的買収やマネーゲームといったマイナスイメージを持つ向きも少なくないだろう。それがまず誤解であって、後継者問題に悩む地方企業や、個人商店からの脱却を図ろうとする経営者にとっては、これが経営戦略としてひとつの「出口」になることは間違いない。また、人材を含めた資産の保全、あるいはシナジーの享受という立場から見たM&Aの捉えかたもある。

まずはこの点についての誤解を解きつつ、外食業界でいまM&Aが重要な企業戦略となっていることへの理解を深めていただこう。

業界全体の高齢化で事業承継が大テーマに

現代の外食業界において、M&Aは欠かせないものとなっている。58～59頁に掲載した表に、2017年以降現在までに行なわれた主なM&A案件を列記したが、こうしたM&A案件は今後さらに増えることが予想される。

その理由としてまず挙げられるのが、地方を中心に事業継承を目的としたM&Aが増える傾向にあることだ。外食産業化の波に乗って1970年代に創業した企業はすでに40年前後の歴史を持ち、当時30代だったバリバリの若手経営者も70歳を超えるようになっている。引退して事業を譲ろうにも子供たちはやりたがらない。それでも長年地元で愛されてきたブランドをなんとか残したい。そんな事情から、われわれのようなM＆A仲介業に相談に訪れる経営者が増えているといえる。

日本の経営者の平均年齢は65歳。これは全産業での平均であり、外食だけのデータは集計されていない。外食は若い経営者も多いことから、もう少し低いだろうが、「生き残っている会社」に限ればそのぶんだけ高齢化が進んでいる。つまり、事業継承は外食産業全体の問題になりつつあるのである。

こうしたケースのM＆Aは、売り手にとっては確実に事業継承が行なわれるし、新しい血が入ることで企業が活性化され、少しくすんできていたブランドにふたたび輝きをもたらすことにもなりえる。一方、買い手が新興企業の場合、長い歴史を持ち、多くのファンに愛されてきたブランドを手に入れられるわけで、どちらにとってもメリットが大きい。

競争相手の力を借りて成長するという〝大義〟

次に、より大きく成長するために大手の傘下に入るという考えかたを持つ経営者が増えてきたこともM＆A案件が増加している要因だ。利益が出ていて自分たちでも成長できるが、より確実に、より大きく成長するための手段として、大手の力を借りようというわけである。

かつての経営者は競争相手の力を借りることなど考えもしなかったが、近年は経営者同士の仲がよく、勉強会などを通じた意見交換も盛んになっている。外食業界をよりよいものにしようとか、力を合わせて業界のノウハウやカルチャーを世界に広めようという大義の下に結集する手段としてM&Aが採用されているのだ。

こうした形でグループの輪を広げている代表的な企業が㈱DDホールディングスだ。松村(厚久)社長のカリスマ性もあるが、その考えかたに共鳴する経営者が多いということだろう。㈱クリエイト・レストランツ・ホールディングスも傘下企業に経営の自由度を与える一方、財務などのバックオフィスを支えるという運営手法によってグループの輪を確実に広げている。

業界の垣根を越えたM&A案件も増加

一時期は商社が外食企業に出資したり、子会社化して系列下に収める事例も多かったが、近年は商社の興味の対象はコンビニエンスストア業界などに移り、外食関連の話を聞くことは減ってきている。代わって増えているのが、不動産業などの異業種が外食部門を手放すケース。本業に集中する狙いもあるが、かつてほど外食が儲からなくなったという事情もあるだろう。

事業継承、企業成長の他、次の事業展開を図るための資金調達を目的としてM&Aを活用するケースもある。もちろん、事業を高く買ってもらうには売り時を選ばなければならない。業態が成長のピーク、またはその直前だと高値がつくし、赤字だったら買い手もつかない。ある意味、オークションのようなもので、勢いのある業態にはいくつもの買い手がつくし、高値の入札が続出する。

そこで最高値をつけた買い手に売れればいいのだが、踏ん切りがなかなかつかないケースも少なくない。上場まで成長させたい、もう少し拡大できると思い、その時は銀行も融資をしてくれるために「まだいける」と考えてしまうが、結果として売り時を逃してしまうこともある。

現在の主流は「友好的なM&A」

M＆Aというと乗っとる、乗っとられるという敵対的な買収劇を連想しがちだ。ただ、経営者の知らないうちに株を買い占めるTOBなど敵対的なM＆Aはごく一部であり、M＆Aの99％は友好的に話が進むといって過言ではない。とくに外食のような労働集約型産業は従業員が気持ちよく働けることが望ましく、友好的M＆Aであることが重要になる。

いい物件を押さえるために企業を買収するというM＆Aもあるが、賃貸借契約書の中には株主や代表者が変わった場合の解除項目を設けていることもある。つまり、株主や経営者が変われば、貸す側が賃貸借契約の継続か、解除かを選べる。不動産取得を目的とする場合はCOC条項などM＆A関連の法律知識の他に契約条項なども理解しておく必要がある。

M＆Aを企業戦略とするなら、デューデリジェンスなどの知識が必要となるが、そのためにアドバイスするのがわれわれのようなM＆A仲介業だ。そうしたパートナーの力も活用しつつ、M＆Aに関する知識やメリット、陥りやすい落とし穴などについて理解を深めていくことが、この経営戦略を有効なものにしていく条件になる。

外食M&Aのキープレイヤー

銀行

メガバンク、大手の都市銀行や地方銀行が主なプレイヤー。多くの銀行がM&Aの専門部隊を抱えている。取引先の企業に対するM&Aの提案の他に、仲介業にも携わる

専門会社

いわゆるM&A仲介業者で、中立的なスタンスでM&Aの助言や仲介を手がける。特定の業種に専門特化した中小規模の仲介業者が増えている

証券会社

大手証券会社を中心に社内に専門部署を立ち上げ、M&Aを広く手がけている。プレイヤーとしてのスタンスは金融機関とほぼ同じだ

M＆Aのプレイヤーは売る側の企業、買う側の企業の他に、証券会社、金融機関、われわれのようなM＆Aのアドバイザーや仲介を行なう業者が挙げられる。証券会社や金融機関は取引先の企業とともに売買の話を進めるため、ある意味で当事者ともいえる。仲介業者やアドバイザー会社は第三者としてM＆Aの仲立ちをしたり、助言をする立場であり、あらゆる業種で仲介を手がける業者、ある業種に特化して仲介をする業者に二分される。

ファンドの台頭

近年、ファンドによるM＆Aが増えており、いまやプレーヤーのひとりといえるほど存在感が大きくなっている。ファンドは投機目的で企業を買収し、経営に参加するのも一定期間にとどまるため、他のM＆Aとは性格が異なる点も大きい。ファンドによる買収のメリットは財務や資金調達がスムーズに進められるようにできることと、ごちゃごちゃしていた契約事項などをすっきりさせることができるなどがある。イグジットとして売却、もしくは上場を前提としているから、契約関係などを整備してクリーン、クリアな会社にすることが不可欠だ。今後は上場準備のためにファンドに売却される会社も出てくるようになるだろう。

海外ファンドの国内M&A事例

ファンド名	M&Aされた外食企業
エンデバー・ユナイテッド	日本ピザハット㈱
ユニゾンキャピタル	㈱DINAMIX
トライハードインベストメンツ	アンドモア㈱
アスパラントグループ	㈱テラケン、㈱ヤマト
ベインキャピタル	㈱すかいらーく、㈱ドミノ・ピザ ジャパン
インテグラル	TBIグループ
ペルミラ	㈱あきんどスシロー

M＆Aの目的とは何か

M＆Aは「時間を買う」経営戦略

言うまでもないことだが、経営戦略には「何を実現するか」という明確な目的が必要である。M＆Aにおいてもそれは同様であり、何のためにM＆Aをするのかがスタートの段階で明確になっていなければならない。

17頁に、M＆Aによる経営戦略と、それを活用した事例を挙げてみた。買収する側からすれば、自社の弱い部分や不足している機能、未開拓の分野を手に入れることがM＆Aの目的だ。それらは自社でいちからつくっていたのでは膨大な時間と労力を要することである。そういう点では、M＆Aはまさに「時間を買う」経営戦略といえよう。

実際に、M＆Aをうまく経営戦略として活用している外食企業はこの点を明確に意識している。たとえばクリエイト・レストランツ・ホールディングスでは、自社の業態のブランドポートフォリオをつくり、その空いている部分をM＆Aによって埋めることを主眼に置いている。空いている部分とは自社が手薄な部分であり、立地のこともあれば出店エリアのこともあるが、この戦略が同社の急成長を可能にした最大の原動力であることは間違いない。

大事なのは、相手企業を尊重する姿勢

そうした目的が明確になっていないと、交渉の過程で議論が本質からずれていってしまう。たとえば事業譲渡の場合で、当初は「不採算事業なので、とにかく切り離すのが目的」と言っていたのに、話が進むにつれてトップに「もっと高い値段で売れるのでは」と欲が出て条件変更を希望するなど。その結果、M&Aが成立しなくなるというケースもある。

他社を買収する場合でも同様であるが、ここで大切なことは意思決定のスピードである。買収には多かれ少なかれリスクがあり、それを完全に取り除くことはできない。だから「M&Aを通じて自社が実現したいことは何か」を軸にしてリスクを見極め、契約の内容によってそのリスクを軽減していくという考えかたが大事だ。M&A案件は常に唯一無二のものであり、これを逃せば次に希望案件の情報が入るのは数年先かもしれない。そういう意識で素早く意思決定する必要がある。

そして、譲渡する側、買収する側双方にとって大事なのは「相手企業を尊重すること」である。それによって信頼関係を築くことが、M&Aを成立させるためにも、さらにM&Aによって新たな成長戦略を描くためにも不可欠になってくる。

次項からは、譲渡する場合と買収する場合のそれぞれについて、M&Aの具体的な進めかたを解説していくが、まずは左頁に紹介した「成功の心得5か条」をしっかりと頭に入れていただきたい。

主な買収戦略	活用事例
ライバル企業買収によるシェア拡大	ある地域の外食企業が同地域の外食企業を買収。地域内でのシェアを高め、ドミナント展開を加速させる。
同業買収によるシェア拡大	関東の焼肉チェーンが、関西の焼肉チェーンを買収。他エリアへの進出、規模拡大によるコストダウンを実現する。
川下事業への進出	肉の卸売業を営む企業が焼肉チェーンを買収。本業の卸先の拡大を実現する。
川上事業への進出	寿司チェーンを展開する企業が魚の仲卸業を買収。仕入れ機能強化による他社との差別化、コストダウンを実現する。
周辺分野への進出	人材派遣業を営む企業が、経理アウトソーシング会社を買収。双方の事業へのシナジー効果を見込む。
商品・サービスの拡充	エステサロンチェーンを営む企業が化粧品メーカーを買収。オリジナルの化粧品を製造し、エステサロンの顧客に提供する。
新規事業進出	飲食事業会社が介護施設を買収。本業とは別の新たな収益の柱を構築する。

譲渡の心得5か条

「惜しい」と思えるタイミングで売却せよ！

売却するのが惜しいと思える会社だからこそ買収したい企業が現れる。売り時を逃してはいけない

『譲れない条件』を明確にせよ！

すべての条件が思い通りになることはなかなかない。どうしても譲れない条件を明確にして、譲っても問題ない条件は歩み寄るべし

信頼できるアドバイザーに相談せよ！

「M&Aを実行するために必要な能力があるか」、「真摯な姿勢を持っているか」を基準に適切なアドバイザーを選択すべし

会社の実態を把握し、正確に開示せよ！

不利な情報が後々になって出てくると心証が悪くなってしまう。早めにわかれば問題ない場合が多いので、実態を把握し、正確に開示すべし

決断をして徹底的にやりきるべし！

周囲の意見を聞いても様々な意見が出て迷うだけ。トップとして決断し、一度決めたら最後までやりきるべし

買収の心得5か条

買収目的を明確にすべし！

目的が明確でない買収に成功はない。買収を通して自社が何を実現したいのか明確にすべし

売り手企業を尊重せよ！

敬意を払って相手に接しないと、それが理由で破談することもある。売り手企業はパートナーと肝に銘じ、尊重せよ

スピードを持って意思決定すべし！

M&A案件は常に唯一無二。見逃せば希望案件は二度と来ないかもしれない。自社の戦略に合うかを軸にスピードを持って決断せよ

リスクを完全に消すことはできないと腹をくくるべし！

買収には必ずリスクがつきまとう。リスクをしっかり把握し、自社で負えるものか、本質的で重要なものなのか見極めよ

買収成立がスタートであると肝に銘ずべし！

買収成立はスタートにすぎない。成立後、当初の目的を果たすために、買収してからが勝負であると心得よ

M&Aの手法と進めかたの基本——譲渡企業編

M&Aは事業を拡大するためだけでなく、後継者のいない企業が事業継承するため、あるいは店数が20~30店規模の企業がさらなる成長を図るために資本力のある企業グループの一員になるなど、さまざまな側面で利用できる経営手法だ。

では、M&Aをする際に実際にどのようなステップで手続きを進めていくのか、M&Aが成立するまでの道筋とそのための準備について説明していこう。まずは経営権を譲渡する側、つまり売却する側が満足のいく結果を迎えるためにどのような準備が必要なのかを紹介する。

M&Aには4つの手法がある

M&AとはMerger and Acquisitionの略称で、日本語訳すると合併と買収となる。その手法としては①株式譲渡、②事業譲渡、③合併、④株式交換の4つが挙げられるが、外食業界のM&Aに限定すれば、①と②が主流だ。株式譲渡によるM&Aを広義に解釈すれば資本提携などを含む場合もあるが、ここでは全株式の51%以上を取得して経営権をとる場合をM&Aと定義し、それ以下の株式保有率のケースは資本提携とする。事業譲渡については会社そのものではなく、事業部門あるいはブランドのみを譲り渡すわけだが、事業部門を会社から分離独立させたうえで売却する会社分割という手法を採ることもある。

①と②のどちらを選ぶかはケースバイケースだが、譲渡する店数が3店以上ある場合は株式譲渡がおすすめだ。詳細は割愛するが、M＆A後の賃貸借契約書の引継ぎなどの契約関連の手続きの負担が軽いためだ。

譲れない条件を明確にする

譲渡を検討する時にまず考えを明確にしてほしいのは、M＆Aをする目的だ。先ほども触れたように、売却条件の交渉を進めるうちに当初の目的からずれてしまうケースが少なくない。

そして信頼できる相談相手を探すことも重要だ。14頁で紹介したように、M＆Aをサポートする仲介業者としては当社のような専門会社や金融機関があるが、顧問弁護士や会計士などでもいい。ただ、専門会社にしても、金融機関にしても大手だから安心ということにはならない。M＆Aは手数料ビジネスだから、大手企業ほど大型案件が優先され、売却額が小さい案件は後回しにされることが少なからずあるからだ。

パートナーを選定するにあたっては複数の仲介業者と面談するべきだが、その数が多すぎても会社の売却情報が漏洩するリスクが高まるため、3～5社に絞って面談を重ね、その中から1社を選ぶといいだろう。選定する際のポイントは類似したM＆A案件の成約実績だが、当事者が納得できる条件と結果を導き出すためには担当者のスキルやM&Aに対する考えかたも確認すべきだろう。

また、売り手と買い手のトップ同士が親しい場合でも、M&Aの交渉を進める際は仲介者をたてることをすすめる。売却条件の交渉段階では利害の相反が避けられないためだ。仮に交渉段階で決裂しても仲介者がいることでその責任は中和され、両者の関係悪化を避けることもできる。

パートナーの選定を終えたら、次に経営者が考えるべきは、売却交渉時の「絶対に譲れない条件」である。たとえば売却価格のボトム額、従業員の雇用継続、屋号の維持など譲渡するうえでの必須条件を明確にし、そのうえでパートナーと譲渡プランを練りあげていく。また、ここで重要なのは会社の実態について正確な情報を提出すること。仮に会社の評価額を下げかねない不利な情報があっても、それを隠さないことが肝要だ。後述するがM&Aの最終局面において買い手は売り手の財務状況などを調査し、買収希望額を決定する。これをデューデリジェンスと呼ぶが、そこで経営の実態が明らかにされるわけだから、経営の不安材料があるのであればはじめからそれを提示したほうが心証もいいし、交渉次第でクリアできることも少なくない。

譲渡先候補は1社に絞らない

譲渡プランが固まり次第、仲介業者は譲渡先企業の候補をリストアップする。この時点では売り手の企業名は非公開で進めるが、売上高、展開エリア、業種業態、売却理由などある一定の情報がなければ買い手側の企業も買収を検討できない。ただ、開示した内容によっては売り手の企業名が特定されてしまうケースもある。どの情報を開示するかはパートナーと慎重に決めるべきだろう。

買収に興味を示した企業を絞り込めたら、いよいよ売り手の企業名を明らかにして交渉がはじまる。これをネームクリアという。その後は当事者同士の面談となり、基本的には経営者同士で話し合われる。ここでは互いの経営理念や方針を確認し、まずは信頼関係を築くことが重要。また、はじめから1社に絞るのではなく、数社と面談するのが理想である。そうすることで売り手に対する公平な評価を知ることができるからだ。

こうした面談を経て、買い手は買収金額やM＆A後の事業運営の方針などを記した意向証明書を提出する。不動産売買でいえば買付証明書にあたるものだ。その内容に沿って基本合意契約を結び、独占交渉権が与えられて前述のデューデリジェンスが実施されるわけだが、この合意には基本的に法的拘束力は発生しない。

デューデリジェンスとは会計士や弁護士によって譲渡企業の決算書に記載されている資産や負債の内容、賃貸借契約書といった各種契約書を確認し、最終的な買収価格を決定する。ここでは売り手の希望価格よりもプラスになることはほぼなく、むしろ意向証明書の提示価格よりも下がるものと考えておくべきだろう。

いよいよ売り手と買い手の間で生々しい最終交渉がはじまるわけだが、基本合意契約の前にどの程度で妥協するかなどのネゴシエーションを進めておくことが最終交渉を円滑に進めるためのポイントだ。そして両者が納得できる条件に着地させることこそ、仲介業者の力量といえるだろう。

②秘密保持契約の締結

一般開示されていない情報を得た者が無断でその内容を第三者に開示しないことを義務づける文書。情報漏洩を防ぐためにもこの契約管理を徹底した仲介者を選びたい。

機密保持誓約書

年　月　日

甲：　㊞
乙：　㊞

乙は、末尾記載の事項（以下「本件事項」という）の可能性を調査、検討する目的（以下「本目的」という）で甲から乙に開示される情報等の機密保持に関し、次の通り約し、その証として本書を作成し、記名、捺印のうえ、これを甲に差し入れるものとする。

第1条（情報開示）
乙は、本目的のために乙が必要と判断する情報のうち甲が開示可能と判断するものの開示を、甲から受けるものとする。

第2条（定義）
本誓約において機密情報とは、、前条により乙に開示された文書等の有体物ないし電磁的記録等の無体物および口頭にて開示された情報をいうものとする。なお、機密情報には、本件事項の可能性を調査・検討しているという事実そのもの、およびその検討結果を含むものとする。

第3条（機密保持）
乙は、機密情報を本目的にのみ使用するものとし、本目的のために開示が必要なら自らの取締役、監査役、従業員、弁護士、税理士または公認会計士等の専門家に開示する場合を除き、甲の書面による承諾（電子メールによる承諾を含む）なくして第三者にこれを漏洩、開示しないものとする。なお、これらの者に開示する場合には本誓約と同等以上の守秘義務を課すものとする。

仲介者と売り手だけでなく、買収を名乗り出た企業全社とも秘密保持契約を結びたい

②売却価格の計算式

売却額の算出は譲渡企業が将来稼ぐであろうキャッシュフローを現在価値に割引計算するDCF法など手法はさまざまだが、償却前利益をベースに算出することも多い。

計算式の目安

店数が5店未満
償却前利益×3〜5年分＋純資産

店数が10店以上
償却前利益×5〜10年分＋純資産

③交渉前に用意する資料

決算書、各店の損益計算書などの資料を提出し、売り手企業の経営状況を仲介者に開示する。経営の不安材料も事前に開示したほうが買い手側との交渉は進めやすい。

主な資料一覧

- 決算書（3期分）
- 株主名簿
- 各店の損益計算書（2〜3年分）
- 賃貸借契約書
- 登記簿謄本
- 定款
- 固定資産台帳
- 不動産登記簿（不動産保有の場合）
- 組織図（人事配置図）
- 仕入れ先一覧

④⑤ネームクリア

仲介者は買い手企業の候補を探すために、まずは譲渡企業が特定されないよう業種や特徴など情報を絞って案件概要書をつくる。これをノンネームシートと呼び、これで興味を持つ数社に絞り込んだ段階で譲渡企業が企業名を明らかにすることをネームクリアという。はじめにリストアップした買い手候補企業のリストをロングリスト、ノンネームシートで絞り込んだリストをショートリストという。ショートリストが出た段階でネームクリアすることが多い。

⑨デューデリジェンス対策

デューデリジェンスの結果、売却価格は想定値よりも下がると考えるべきだろう。評価を下げる主要因は未払い残業代や退職金の引当てといった労務問題だが、売却条件の交渉時に提示し、その対応策の合意をとれていれば、評価額の減額を抑えることも可能だ。

価格評価を下げる主な要因

1. 未払い残業代、退職金の引き当てといった労務問題
2. 減価償却費の算出ミスによる固定資産の価値低減
3. 不動産価値の変動

M&Aの流れ【譲渡企業編】

1. 仲介業者に相談
2. 仲介業者と譲渡プランを作成
3. 決算書や登記簿謄本などの資料を準備
4. 譲渡先企業候補のソーシング(ノンネーム)
5. 買収検討企業への社名公開(ネームクリア)
6. 買収検討企業とトップ面談
7. 売却条件交渉
8. 基本合意契約締結
9. デューデリジェンス
10. 最終条件交渉
11. 最終契約

M&Aの手法と進めかたの基本――買収企業編

次に、買収する企業の側から見た必要な準備、M&Aの各フェーズで留意すべき点を解説しよう。外食業界で買収の主な目的としてはブランドの取得、物件の確保、新商勢圏の進出などが挙げられるが、いずれのケースでも経営者が売り手側の事業の強みや課題を研究し、買収によってどのような経営シナジーを生み出せるのかを導き出すことが大事だ。

仲介業者には広く声をかけるべき

買い手側のM&Aは仲介業者や金融機関の打診からはじまる。

前項で説明したように、この段階では売り手の名前はまだ明らかにされていない。いわゆるノンネームシートでM&Aの検討を開始するわけだが、買い手はその案件が自社の検討課題――たとえば新たな事業の柱となる業態の開発を急ぎたい、新商勢圏に出店を考えているなど――の解決につながるかどうかを考えてほしい。買収が成長に結びつくと判断すれば仲介業者と秘密保持契約を締結して話を進めていくことになる。

もちろん、買い手から仲介業者を介してM&Aを仕掛けるケースもあるが、成約の可能性は低い。

当然ながらターゲットに定めた企業の経営者に売却の意志がなければ、買収はできない。つまり、M&Aは売り手の存在があってはじめてスタートすることがほとんどだ。

ただ、事業拡大にあたってM&Aを重要戦略に位置づけるなら、仲介業者に広く声をかけるべきだろう。売り手は仲介業者を絞り込むことが情報漏洩の防御策になるわけだが、買い手にはその心配がない。むしろ買収意欲があることをアピールすることで、M&A案件の問合せは増えるだろう。

われわれのような専門会社に所属せず、個人でM&A案件を扱うブローカーから打診されるケースもある。そうした時はブローカーが売り手企業とのトップ面談をセッティングできるかどうかを見極めてほしい。M&Aの具体的な交渉はトップ同士でするものであり、面談をスムーズに調整できない仲介者は相手にしないほうがいい。また、情報開示料を請求された場合も注意が必要だ。専門会社でも情報開示料を設定しているのは大手のごく一部に過ぎない。

トップ面談では売り手の信頼を得ること

ネームクリアされた段階で、いよいよM&Aの交渉がスタートする。まずは現場に足を運び、業態の強みや弱みをチェックし、そのうえで自社の経営資源を投入することでどのような成長戦略を描けるのかを考えてほしい。また、仲介業者から提示された決算書や賃貸借契約書などの資料に目を通し、経営状況も把握したうえでトップ面談に望みたい。ただ、数値上の疑義や労務管理上の問題など気になる点は仲介業者を介して確認し、面談では互いのM&Aの目的や事業に対する想いなどをメインに話し合ってほしい。

また、トップ面談では売り手と買い手という立場に関係なく、いち経営者として対等な立場で面談に臨むことも大切だ。会社の売却意志があるとはいえ、必ずしも経営が行き詰まっているわけではない。買い手が面談時に相手を見下すのはもってのほかで、むしろ譲渡先を決めるのは売り手であることを肝に銘じてほしい。

売り手の信頼を得るためにはその経営者の理念や会社を譲渡する目的は何かを理解することだ。両者が同じ志を持って、譲渡企業の将来を考えられるかがM＆A成功の大きな要因である。

資金調達をはじめ買収の準備は万全に

買い手がM＆Aを決断したら、売り手に意向表明書を提出する。この書面では買収条件を提示するとともに、なぜその企業を買収したいのか、M＆A後の事業計画など買い手の想いをあらためてアピールする。

一方でM＆Aは巨額の資金を必要とするため、費用をどう調達するかは意向表明書を提出する段階から計画を練りはじめたい。当然ながら、役員会の承認を得る必要もある。役員には意向表明書の作成前にM＆Aを検討していることを伝え、承認を得るといいだろう。

売り手は複数の買い手候補から届く意向表明書をもとに譲渡先を決定し、基本合意契約を交わす。このタイミングで売り手から着手支度金を求められることもある。買い手の熱意を測るためので、その金額は買収額のおよそ10分の1が目安となる。

基本合意契約書に法的拘束力は伴わないとはいえ、この時点で資金調達のめどを立てる必要がある。合意契約を締結する前に金融機関に相談し、合意後は直ちに準備できるようにしておきたい。ただし、調達先の金融機関が売り手のメインバンクと重なると、M＆A案件が外部に漏洩する可能性が生じる。そうならないためにも、あらかじめ売り手の取引先の金融機関を確認しておきたい。

また、合意契約書を交わす前は弁護士による記載事項の確認も欠かせない。独占交渉権の有無の他、交渉権解除や違約金発生の条件など、買い手に不利な項目がないかをしっかりチェックしよう。

M＆Aの大詰めとしてデューデリジェンスを実施し、買収金額の最終査定をする。ここで大切なのは経営の粗探しをするのではなく、将来的なリスク排除を念頭に調査を進めることだ。前項でデューデリジェンスの注意点として未払い残業代などの労務問題を挙げたが、買い手は賃貸借契約の内容にも気をつけたい。たとえば筆頭株主の変更が生じる際に家主が賃貸借契約を破棄できる条件が設定されていると、当初想定した通りの売上げ拡大が見込めなくなる。そうしたリスクをとり除くことがデューデリジェンスの目的であり、不利益が生じる可能性があれば、その補償条件を設定するといった対策を打てばいい。

最終契約条件で合意ができたら、いよいよM＆Aは完結する。しかし、買い手にとってのM＆Aはここからが真の出発地点だ。買収した企業の従業員とコミュニケーションを図り、相互理解を深めて事業をスムーズに継承してこそ、はじめてM＆Aは成功といえるのだ。

③譲渡案件資料を検討

外食企業のM＆Aは同業同士、つまり外食企業が規模拡大やブランドの獲得などを目的に買収をめざすのがほとんどだが、食材の仕入れ力を向上するために川上事業を買収するケースもある。買収に踏み切るかどうかは、M＆Aによってコスト面や売上げ面でどのようなシナジーが期待できるかを十分検討したうえで判断したい。

買収の目的とシナジー

主な買収目的
- 業態の取得
- 物件の確保
- 新商勢圏に進出
- 川上事業に進出
- 事業規模・シェアの拡大
- 商品、サービスの強化

コスト面のシナジー
- 仕入れ交渉力強化、内製化などによるコスト削減
- 共通部門の統合によるコスト削減
- 事業拠点の統廃合によるコスト削減
- 物流効率化によるコスト削減

売上げ面のシナジー
- 取引企業や販売チャネルの増加
- 営業ノウハウの活用
- 市場シェア拡大による価格支配力の強化
- ブランド力、知名度の活用

その他のシナジー
- 技術、商品開発力の強化
- 多角化による事業リスクの分散
- 経営資源の補完

⑥意向表明書提出

数回のトップ面談を経て、買い手は買収条件やM＆A後の事業方針などを記した意向表明書を提出する。この時点では買収に名乗り出ている企業は数社あるのが一般的だ。売り手の心を掴むためには、先々の事業運営や資金調達など具体的な計画を提示することが欠かせない。

意向表明書の主な内容
- 買収条件
- M&Aの目的
- M&A後の運営プラン
- 資金調達計画
- スタッフや屋号などの取扱い
- 新体制人事
- 意思決定プロセス

⑦基本合意契約締結

基本合意契約書を作成する際は独占交渉権の付与、違約金の設定、買収支度金の返還条件など交渉で不利になる条件が含まれていないか、しっかりと確認しておきたい。また、最終交渉をこじらせないためにも売り手が提出した資料が正しいと保証する表明保証を必ず求めること。

合意内容の注意点
- 独占交渉権の有無
- 契約解除条件の設定
- 違約金の有無
- 着手金返還の有無
- 売り主、買い主の表明保証

⑧デューデリジェンス

デューデリジェンスの調査フィールドはおおまかに財務、法務、事業の３つに分かれる。財務と法務のチェックは会計士や弁護士などに一任すればいい。経営者は買収によって得られる経営のシナジーや将来的な事業リスクを正確に分析することが重要だ。

調査のポイント

財務デューデリジェンス
純資産、事業の収益構造、キャッシュフロー、簿外債務・偶発債務の有無など

法務デューデリジェンス
重要な契約書の確認、給与・人事制度、未払い残業代の試算、退職率と事由、退職に伴う引当金の試算など

事業デューデリジェンス
業態のストロングポイントとウィークポイント、競合環境、将来的な事業リスクの有無など

M&Aの流れ【買収企業編】

1. 仲介業者の打診
2. 仲介業者と秘密保持契約締結
3. 譲渡案件資料を検討
4. 売り手企業とのトップ面談
5. 買収条件交渉
6. 意向表明書提出、資金調達着手
7. 基本合意契約締結
8. デューデリジェンス
9. 最終条件交渉
10. 最終契約
11. 契約関連の引継ぎ

譲渡方法と、その手法としての会社分割

ここまで、企業を譲渡する場合と買収する場合に分けてM＆Aの進めかたを解説した。本項ではその際の具体的な手法である譲渡の方法について見ていこう。

事業譲渡と株式譲渡のメリット、デメリット

その手法は大きく2つに分かれる。すなわち、事業を譲渡する「事業譲渡」と会社の株式を譲渡する「株式譲渡」である。それぞれの方法は左頁の図1に示した通りだ。たとえば、外食事業以外に不動産業などを行なっている企業が外食事業のみを売却するといったケースが事業譲渡である。最近では、多業態を展開する外食企業が一部の業態のみを売却するという形での事業譲渡もよく行なわれている。

一方で株式譲渡とは、株主が持っている株式を譲渡することによって企業売却をする手法である。その場合は図1に示した通り、買収された企業は買収した企業の子会社となる。

それぞれの主なメリット・デメリットは左頁の表2の通りである。

事業譲渡のデメリットとして挙げられるのが、その企業が外部と締結している契約などをすべて

図1　株式譲渡と事業譲渡

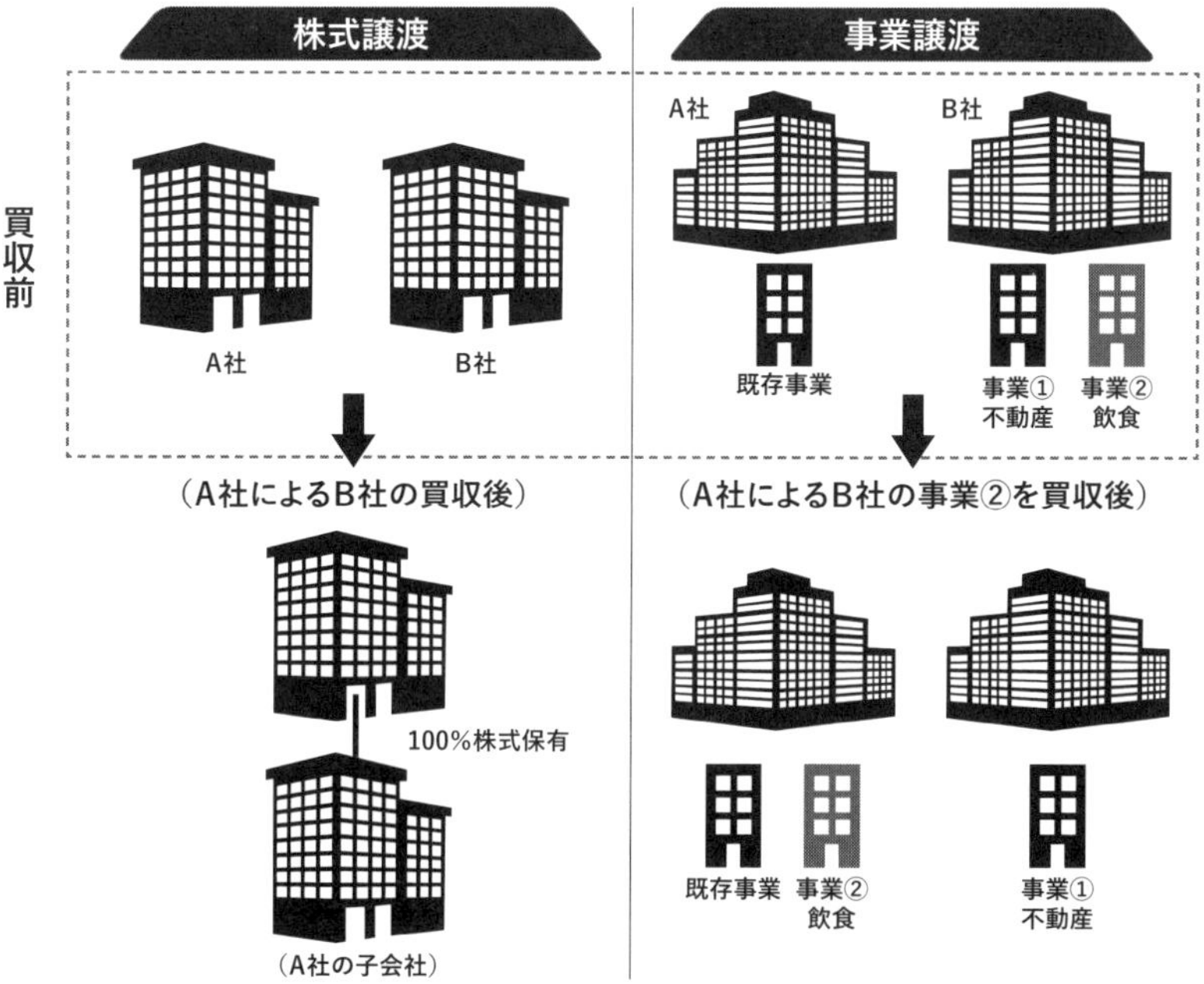

表2　株式譲渡と事業譲渡のメリット・デメリット

	メリット	デメリット
株式譲渡	契約の継承などがスムーズ 従業員をそのまま雇用できる 手続きが簡単	簿外のものを引き継ぐ可能性がある
事業譲渡	事業の譲渡となるので企業の簿外のものが出る可能性が少ない	契約の巻き直しが必要 従業員の再雇用が必要 場合によって株主総会などが必要

巻き直す（あらためて締結する）必要があることだ。とくに、店舗の賃貸借契約をすべて巻き直すということは非常に大変な作業になってくる。また場合によっては、それまでの賃貸借契約が引き継げなくなる可能性もある。

一方、株式譲渡のデメリットとして買い手にとって大きいのが、簿外の負債を引き継ぐ可能性があるということだ。これは、デューデリジェンスをすることである程度の確認等はできるものの、すべてのリスクを排除することは現実問題として難しい。

分割の手法は主に「分社型分割」と「分割型分割」

そこで、こうした事業譲渡のデメリットと株式譲渡のデメリットを極力なくすために、会社分割という手法をとることがある。

会社分割とは、その事業に関して有する権利・義務の全部または一部を切り離して、それを2つ以上の会社に分けるという手法だ。前出の例でいえば、不動産事業を行なう企業と外食事業を行なう企業の2つに分けることを意味する。

会社分割には、分割した事業を新たに設立した会社が引き継ぐ「新設分割」と既存会社が引き継ぐ「吸収分割」がある。このうち、M＆Aの現場でよく使われるのは前者の新設分割だ。そこで、ここでは新設分割について進めかたを具体的に解説する。

まず、新設分割には主に「分社型分割」と「分割型分割」という2つの手法がある。ここでは、

図3　分社型分割

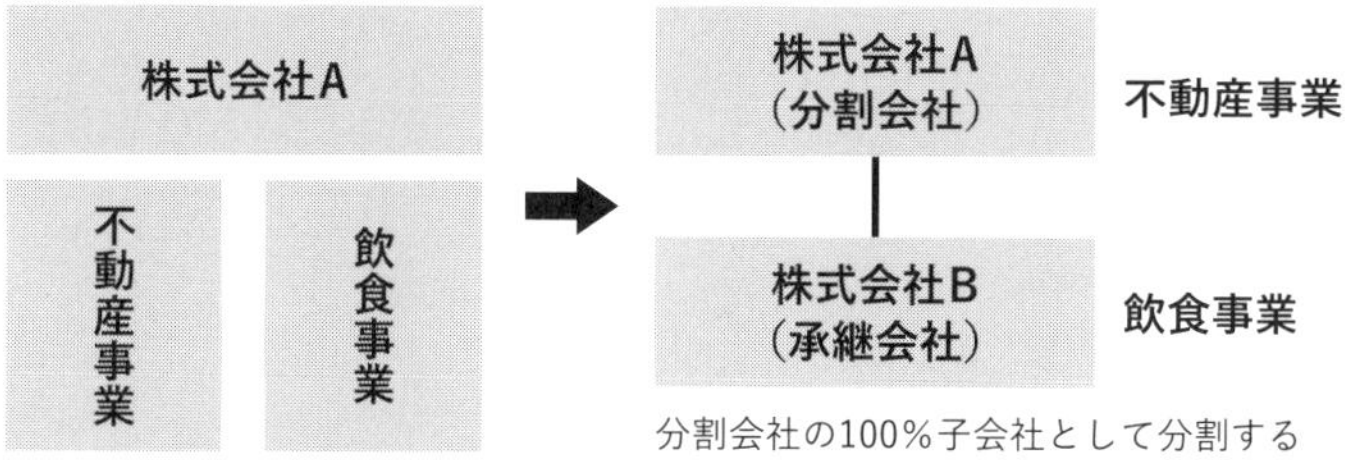

図4　分割型分割

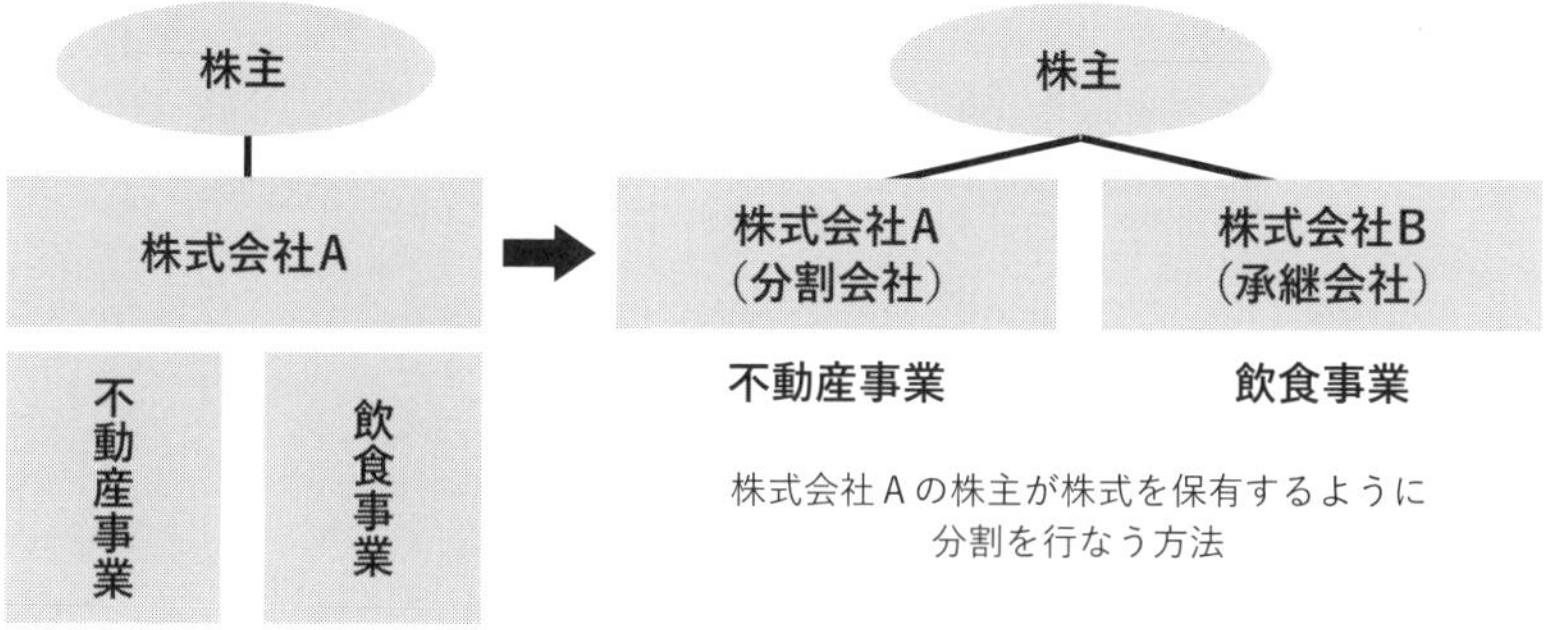

図5　新設分割の手続き

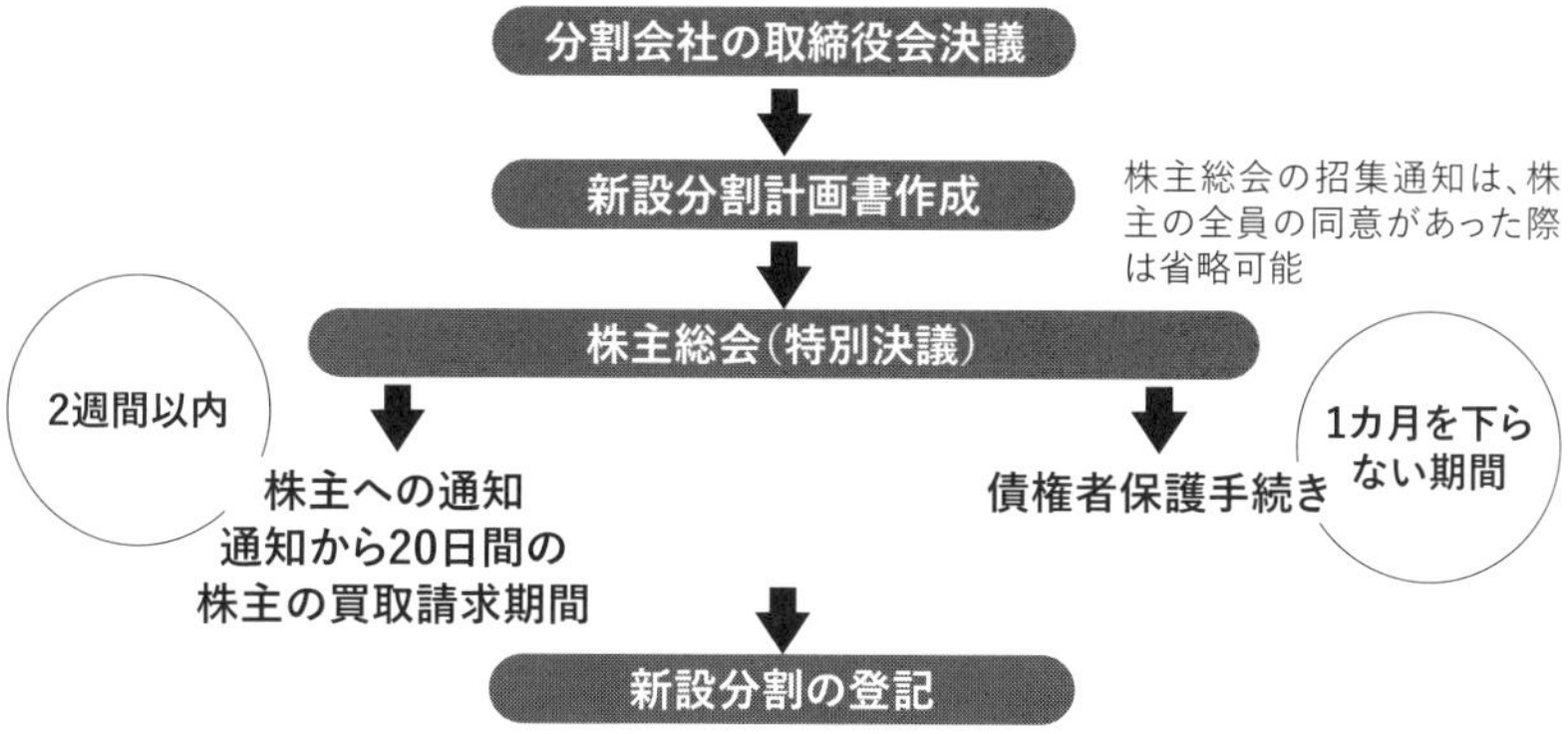

あまり専門的かつ難解にならないように説明しよう。

簡単に言えば、分社型分割は現在ある会社（分割会社）と、分割会社が株式を100％保有する新設会社（承継会社）に分け、子会社である承継会社に分割した事業を引き継ぐ方法である（33頁図3参照）。

もうひとつの分割型分割とは、33頁図4に示したように、現在ある会社（分割会社）の株主が新設会社（承継会社）の株主となるように分割するものをいう。既存の株主が、分割会社と承継会社の2つの会社の株主になるという形である。

根回しと期間が必要。専門家に相談すべし

いままで分割型分割によってM＆Aを行なうという場合には税制上の課題などがあり、分社型分割の手法をとることが多かった。しかし、平成29年度の税制改正によって、今後は分割型分割の手法も活用しやすくなっている。どちらが自社にとってメリットがあるかを検討して手法を決める必要があるだろう。

どちらの手法を活用するかを決める際の視点として、税務的メリットを検討することが必要となる。ただし、組織再編にかかわる税務は非常に複雑でもあるため、専門の税理士に相談するかM＆Aのアドバイザーに相談することが重要だ。

また、会社分割を行なうためには、33頁図5のように債権者保護手続きなどを行なう必要が出て

くる可能性がある。そのため、借入をしている金融機関などステークホルダーに対して根回しをしたうえで行なうことが重要だ。会社分割手続きを開始してから終了までに約2ヵ月という期間が必要になるので、そのことも認識しておく必要がある。

いずれにしても、会社分割を行なったことがある専門家（弁護士・公認会計士・税理士・司法書士など）やM＆Aアドバイザーに相談して進めることが重要だ。

注意すべきチェンジオブコントロール条項

M&Aを行なう際の法務的な注意事項として一番に挙げられるものに「チェンジオブコントロール条項（略して「COC条項」）」がある。COC条項とは資本拘束条項とも呼ばれ、経営権の移動があった場合に、契約内容に制限がかけられるものをいう。

賃貸借契約は家主によって対応が大きく変わる

とくに外食企業で注意すべきものとしては、不動産の賃貸借契約がある。

賃貸借契約書の中には、左頁の表1にあるように、そもそも資本の移動（M&A）を禁止しているものや、承諾を得る必要があるもの、通知をしなければならないもの、何もしなくてもよいものに分けることができる。

また承諾や通知などが必要な場合、それに乗じて家賃の増加や普通賃貸借契約から定期借家契約への変更の交渉など、家主から不利益な変更を求められることも少なくない。まずは、M&Aをしようとしている企業の契約書のチェックを行ない、COC条項にどのようなものがあるかを把握する必要がある。

表1　賃貸借契約の条文例

（通知義務） 契約者は、その商号、氏名、住所、代表者、営業目的、資本金、資本構成、その他の商業登記事項もしくは身分上の事項に重要な変更が生じたときは遅滞なく書面により家主に通知する	通知が必要
（承諾義務） 契約者は次の一つに該当する場合は家主に対して、事前に文書により届け出を行ない、家主の事前の書面の承諾を必要とする。 屋号・商号・代表者・資本構成・会社組織を変更し、または合弁、事業譲渡を行なおうとするとき	事前の書面による承諾が必要

※上記のように、主に通知が必要なケースと書面による承諾が必要となるケースに分けられる。なお、何も記載がない場合も、家主との今後の関係を考慮すると、事前に家主に対しては報告しておいたほうがよい。

表2　フランチャイズ契約書の例

（重大な資本構成の変更等に伴う報告義務） 加盟店は、自己の資本構成・役員構成につき重大な変更が生じた場合、または加盟店の経営に重大な影響を及ぼす可能性のある変更を行なった場合は速やかに本部に書面で報告する	通知が必要
（重大な資本構成の変更に伴う報告義務） 加盟店は、自己の資本構成・役員構成につき重大な変更が生じた場合、または加盟店の経営に重大な影響を及ぼす可能性のある変更を行なう場合は本部の事前の承諾を必要とする	事前の書面による承諾が必要
（契約の解除） 加盟店の経営の主体もしくは資本構成に大幅な変更が生じた場合は、本部は何ら催告なくして本契約を解除することができる	禁止されているので事前に相談し許可をとる必要がある

それぞれどのように対応するか、どこまで対応が必要かについては、売り手と買い手がよく相談をして決定する必要がある。また、家主の性格や種類によって、対応方法が大きく変わってくることもある。たとえば、家主が個人である場合と、不動産会社や鉄道会社など大手デベロッパーが家主である場合とでは、対応方法や交渉に要する期間が変わってくる。

個人の場合は、そもそもの売主との関係が事をスムーズに進めるうえで重要になってくる。一方で大手デベロッパーの場合は、関係性も大事であるが、企業の論理が大きく働くことになる。デベロッパーにとって、現在の店舗を残しておいたほうが得か、新たな店舗を入れたほうが得かという損得勘定で動く場合が往々にしてあるのだ。また、大手企業が家主の場合は決裁までに時間がかかることが多い。実際に筆者が担当したM&Aでは、店舗の立地が商業施設内であったため決裁に半年程度要したこともあるほどだ。

また、万が一引き継げないことも考慮して、引き継げなかった場合の価格への反映のしかたなどについて、あらかじめ売り手と買い手で話し合いをしておき、最終契約書に盛り込むといったことも検討する必要がある。

FC契約、代替性が低い取引にも要注意

また同様なケースとしてフランチャイズ（FC）契約がある。FC契約書の中にも一般的にはCOC条項などが入っているケースが多く、買収される側の企業がFCチェーンに加盟している場合

は、そのＦＣ本部との話し合いが必要となる。よくあるケースとしては、ＦＣ契約を一度解約したうえで、あらためて加盟金を支払って新規に加盟し事業を継続するという方法だ。これは、本部によって契約書の中身が変わってくるため、よく契約書を確認したうえで、それぞれの本部に事前に相談することが重要になる。

その他､契約等で注意すべきものとして「代替性が低い取引」はないかということが挙げられる。たとえば、希少性の高い部位の肉を扱っている場合などで、その部位を中長期的に継続して取引することが可能かどうかということなどが焦点になる。つまり、他では調達しづらい商品などがある場合は、その調達の継続性について注意する必要があるのだ。

また、売却する側の経営者個人に起因して調達できるものなどがある場合、企業を売却した後も継続して取引をすることができるかどうかで企業の価値や、そもそもM&Aが実現できるかということが変わってくるため注意が必要だ。そういうケースでは契約書などを取り交わさず取引していることも多いので、その場合は企業対企業の取引として契約書をきちんとつくり、会社として継続して取引ができるようにしておくことが重要となる。

デューデリジェンスの種類と内容

前項でも少し触れたように、M&Aの最終局面においては「デューデリジェンス」が行なわれる。簡単に言えば企業の実態把握のための調査であり、その調査の目的は買収希望額等の条件を最終決定することである。M&Aの意向表明の際に買い手に対しておおよその金額が提示され、金額の主な根拠は企業の収益性や資産状態であるわけだが、その通りの内容であるかどうかを細かくチェックするのがデューデリジェンスの目的である。

「数字が正しいか」を確認する財務デューデリジェンス

デューデリジェンスには大きく分けて3種類ある。「財務デューデリジェンス」「法務デューデリジェンス」「事業デューデリジェンス」である。

ひとつめの財務デューデリジェンスは文字通り、企業の財務状況をチェックすることだ。対象企業の決算書をはじめ、さまざまな財務資料を提供してもらい、それが実態と合っているかを確認していく。また、調査にあたって経営者にさまざまな質問をする。そのインタビューシートと、提供してもらう資料は44～45頁に掲載したが、きわめて多くの項目におよぶことがわかるだろう。

調査とは具体的には、提供された資料の数字の裏付けをとっていく作業のことである。売上げについては各店のレジに記録された数字と決算書の内容等に食い違いがないかをチェックする、売掛金は一覧表と元帳を逐一照らし合わせて確認する、といったことだ。つまり、決算書に示された収益性の数字が正しいかどうかを確認するのが第一の目的である。

また、多くの中小企業は税務会計で決算書の作成や税務申告をしているところがほとんどだが、これを財務会計すなわち上場企業なみの基準で厳しく見た場合にどうなるかもチェックする。たとえば、契約満了などで閉店する場合の原状復帰費用を、多くの中小企業は当期の修繕費勘定で処理しているが、企業会計の場合は将来の発生を見込んで引当をしておく必要がある。これによって資産の状況を示すバランスシートがかなり変わってくる可能性があるのだ。

これらの結果、最初に提示した金額を修正しなければならない場合も出てくる。チェック項目が多いだけに、デューデリジェンスの中でもっとも時間と労力が必要な作業だ。

法務デューデリジェンスは契約と株式がポイント

次の法務デューデリジェンスは、主に契約書のチェックである。フランチャイズ展開をしている場合は加盟店との契約書が加わるが、多くの場合でメインとなるのは物件オーナーとの賃貸借契約書だ。その形式が法令に沿ったものかどうかに加えて、契約内容もチェックする。商業施設内に出店している場合などは譲渡禁止条項が入っているケースが多いので、事前に根回しをしたり、オーナー側に許可をとるといった作業を行なう。

また、重要なのが株式関係だ。中小企業には株式の所有者がはっきりしないことが多い。創業時に株式を割り当てた社員が退職して連絡がつかないというケースもあり、これを放置しておくと後々重大な問題になる可能性もある。M&Aとは株式の売買のことだから、その前提条件となる株式所有の状態をクリアにしておく必要があるのだ。

もう一点が雇用関係である。これは法務とは分けて「労務デューデリジェンス」と称することもあるが、ここが外食業では大きな問題になりやすい。ようは労働基準法に違反していないかということで、社会保険に加入しているか、時間外労働手当は法規に沿って支払われているかなどがチェックポイントになる。この労務デューデリジェンスは、外食業の重要な資産である人材についての企業姿勢を確認する作業でもあるので、46頁からの項で詳しく解説する。

「企業の将来性」を確認する事業デューデリジェンス

最後の事業デューデリジェンスは、その企業の強みや今後伸ばしていける部分は何かを確認する作業だ。買収企業はM&A後にあらためて事業計画を策定することになるが、それをシミュレーションしていく作業でもある。

多くの場合は、買収する側の事業責任者が譲渡企業のトップやキーマンと面談し、自社の強みは何かを聞き出していく。外食企業同士の場合は、トップの話に信憑性があるかどうかは判断しやすい。「当社の店は20～30代の女性客に支持されている」という発言があった場合、実際に店を見たり、その業態をつぶさに観察することで確認できる。ただ、買収する側がファンドの場合は担当者に外食の知識がないこともあり、その時は外食専門のコンサルタントに協力を依頼することもある。

譲渡企業の業態が属人的でないもの、言い換えれば仕組みによって収益を生み出すものであれば事業デューデリジェンスは容易だし、高い評価も受けやすい。㈱越後屋が売却した「蕎麦 冷麦 嵯峨谷」（94頁参照）などはその好例といえるだろう。ただ、こういうケースは少数であり、多くは人の力が業態の強さの源泉になっていたり、キーマンというべき人材が業態開発や商品開発を担当することで事業が成り立っているものだ。

そういった場合はキーマンにも面談し、M&A後も引き続き活躍してもらえる環境を整備する必要がある。人材対策は外食のM&Aにおいて最重要のポイントであり、その点でも次項で解説する労務デューデリジェンスをしっかりと行なうことが大切になる。

インタビューシート（記載事項の例）

【1】会社の概要・ビジネスについて ～理念・ビジョン・戦略～

（1）創業から今日に至るまでの簡単な沿革
（2）事業区分（○○事業、△△事業、…）
（3）具体的な事業内容（顧客層、販売品目、売価・粗利の目安など）
（4）重視する経営管理指標（KPI : Key Performance Indicators）
（5）業界内における位置づけ、自社の強み・弱みなど

～組織・体制～

（1）主要な会議体の状況（株主総会、取締役会、経営会議、…）
（2）主要な事業拠点の位置づけ（本社、○○支店、△△営業所、…）
（3）関連当事者取引（関係会社、株主、役員など）

～事業リスク等～

（1）最近の業績の傾向、不採算事業の有無
（2）クレームおよび事故の状況
（3）株主交代により想定される事業への影響（各利害関係者）

【2】財務（総括項目）について

～経理体制や財務・会計・税務に関する基礎的な事項～

（1）社内の経理体制、会計事務所の関与状況
（2）月次・年次決算の流れ
（3）売上・仕入の計上基準、主な資金サイト

～リスク項目～

（1）価値が著しく下落している資産、重要な簿外負債　（2）担保設定資産

～個別科目についての前提（概括把握）～

（1）現預金（勘定科目の概要、会計方針など）
（2）売上債権（勘定科目の概要、会計方針など）

【3】事業計画について

（1）事業計画の有無、その前提条件　（2）今後の新規事業、撤退事業
（3）今後の設備投資計画、人員計画

【4】株主・役員について

（1）株券発行の有無、名義株・株主間契約の有無
（2）常勤役員・非常勤役員の状況、担当職務
（3）役員退職慰労金制度（規程の有無、支給実態など）

【5】従業員について

（1）給与支給形態（月給、日給、時給、歩合、残業代支給対象など）
（2）賞与・退職金制度（規程の有無、支給実態など）
（3）労務上の懸念事項（サービス残業の有無、社会保険の加入状況など）

【6】ソフトウエア・利用システムについて

（1）ソフトウエアの利用状況　（2）今後のソフトウエア投資・更新予定

【7】その他のリスク項目について

（1）第三者への保証債務　（2）ミニマム仕入契約、発注残・履行義務
（3）訴訟の有無またはその可能性・懸念事項

『中小企業M&Aにおける財務デューデリジェンスのすべて』（久米雅彦著・金融財政事情研究会刊）より

依頼資料リスト（記載事項の例）

1.今社の基礎資料

No.	依頼資料	チェック	No.	依頼資料	チェック
1-1	会社案内		1-4	組織図	
1-2	定款		1-5	会議体議事録	
1-3	登記簿謄本 (履歴事項全部証明書)		1-6	諸規程	
			…	…	

2. 財務状況を理解するための基礎資料(総括)

No.	依頼資料	チェック	No.	依頼資料	チェック
2-1	決算報告書		2-4	総勘定元帳・補助元帳	
2-2	税務申告書		2-5	事業計画書およびその前提条件	
2-3	勘定科目内訳明細書		…	…	

3.財務状況の詳細を把握するための資料(個別勘定科目)

No.	依頼資料		チェック
[資産項目】…主に実在性・評価に関する検証資料			
3-1	現預金	銀行残高証明書または預金通帳	
3-2	売上債権	年齢表	
3-3		貸倒実績一覧	
3-4		発行請求書(控)綴り	
3-5		…	
3-6	棚卸資産	在庫一覧(単価および数量情報)、年齢表	
3-7		…	
3-8	有形・無形固定資産	固定資産台帳(減価償却明細)	
3-9		不動産登記簿謄本	
3-10		…	
3-11	投資その他の資産	出資証券または預託機関の預り証など	
3-12		直近の時価情報	
…		…	
【負債項目】…主に網羅性に関する検証資料			
3-21	仕入債務	支払管理資料	
3-22		請求書綴り	
3-23		…	
3-24	税金•社会保険	納付書等	
3-25		…	
3-26	借入金	契約書、返済予定表	
3-27		…	
3-28	退職給付債務	要支給額一覧、外部積立額の資料	
3-29	リース関係	リース契約書	
…	…	…	
【PL項目• その他】			
3-41	売上高	経営会議等で使用している売上管理資料	
3-42		販売先別の取引実績一覧表	
3-43		主要な取引契約書	
3-44		…	
3-45	売上原価	仕入先・外注先別の取引実績一覧表	
3-46		主要な取引契約書	
3-47		…	
3-48	販売費および一般管理費	主要な勘定科目の内訳	
3-49	人件費	給与(賞与)台帳	
3-50	営業外・特別損益項目	主要な計上項目の根拠資料	
3-51	関連当事者取引	関連当事者(株主・役員等)との取引実績一覧	
…	…	…	

『中小企業M&Aにおける財務デューデリジェンスのすべて』(久米雅彦著・金融財政事情研究会刊)より

労務デューデリジェンスの重要性

これまで繰り返し述べてきたように、M&Aは最初から目的をはっきりさせておくことが成功のための絶対条件である。外食企業を買収する場合、その目的は競争力のある業態を手に入れたい、売れる立地を確保したいなどさまざまだが、大きな目的として挙げられるのが人材の獲得だ。「外食は人がすべて」と言われるように、労働集約型の産業である外食業は人が競争力の源泉になっている。とくに昨今の人手不足に鑑みると、人の確保を目的としたM&Aはこれからますます増えていくと予想される。

時間管理と勤務ルールが第一のチェックポイント

その場合に重要になってくるのが労務デューデリジェンスである。これは前項で述べた法務デューデリジェンスと事業デューデリジェンスの両方の性格を持つものといえる。

法務に関することでは、労働基準法に則った雇用条件になっているかをチェックする必要がある。とくに問題となるのが時間外手当の扱いだ。タイムカードで出退勤を管理し、超過時間分を法規通りの割増賃金で支払っている場合は問題ないが、外食業で多いのは固定残業代を支払っているというケース。いわゆるみなし労働時間制で、あらかじめ設定した時間分を固定手当として支払うという支給方法だ。給与計算が簡単になるので中小企業では採用しているところが多いが、設定した時間と実際に働いた時間に大きな開きがある場合は問題になりやすい。

雇用条件をめぐって労使間でトラブルになった場合、固定残業代を支払っている場合は企業側が不利とされてきた。しかし労働問題に詳しい宮嶋社会保険労務士事務所・㈱インスクエア代表取締役所長の宮嶋邦彦氏によれば、その判断に変化がみられるという。宮嶋氏はこう語る。

「２０１７年11月に東京地裁で出た労使間紛争の判決で、みなし時間を給与計算期間あたり80時間に設定しているケースで会社側勝訴とする画期的な判断が示されました。この間議論になっている働き方改革の一環で、時間外の上限として１００時間という線引きがなされましたが、今後は多様な働きかたを認めようという流れの中で、みなし労働時間制が定着していく可能性もあります」

もっとも宮嶋氏によれば、これは長時間労働を認めるということではない。タイムカードで時間管理をして設定時間を超過した分は支払う必要があるのはもちろん、重要なことは「固定手当が何時間分か」が従業員に明示されていることだという。「給与明細など、従業員が確実かつ継続的に目にするものに記載されていることが望ましいでしょう」と宮嶋氏は指摘する。

また、時間管理と並行して重要なのが勤務ルールが明確であること。休憩時間中の従業員は客席フロアや厨房には入らないといったことで、こういう点があいまいだと労使間のトラブルになった場合に危険だ。こうしたことを労務デューデリジェンスで確認し、リスクになりそうな部分は是正していく必要がある。

店長を管理監督者にしているケースは危険

また、外食業でトラブルになることが多いのは店長に時間外手当を支払っていないケースである。店長を管理監督者として認めるかどうかがポイントで、大きな社会問題となったファストフード最大手「マクドナルド」の訴訟でクローズアップされた。そしてこの時、管理監督者として認められるための条件が示されている。それは権限と待遇の問題に集約されるが、予算や人事を決定する権限を持っていること、出退勤について自己裁量が認められていること（勤怠控除がないこと）などが挙げられている。

宮嶋氏によれば、こうした条件に照らせば外食業の店長で管理監督者として認められるケースはほとんどないのが実情であるという。少なくともファストフードのような業態では可能性はゼロであり、仮にそうした業態でありながら店長を管理監督者として時間外手当の支払い対象から除外している場合は非常に問題といえる。

こうした労務管理をあいまいにしている企業では、未払い残業代を請求されるリスクを抱えていることになり、デューデリジェンスによって企業評価が下がってしまう。ファンドが主導するM&Aでは、そうしたリスクを許容したうえで企業を買収し、買収後に労務管理体制を整備して企業価値を高めるというやりかたをすることもある。しかし外食企業同士のM&Aの場合、この問題がネックになって成約に至らないというケースも多い。

財務デューデリジェンスのところで、税務基準から財務基準に変更した場合に数字が変わってくることを述べたが、労務についても同じことがいえる。コンプライアンスを遵守すればどのくらいの追加コストが必要になるかを把握し、それを企業評価に反映させていくわけである。

成長の裏づけとなる「人材力」を確認する作業

労務デューデリジェンスでチェックすべきことは、こうした法令遵守の問題に限らない。従業員をどのように雇用しているかに加えて、どのような職場環境になっているかを確認する必要がある。具体的にいえば、福利厚生や社内イベントなども含めて、従業員のモチベーションを維持し高めるためにどのような取り組みをしているかということだ。

当然のことながら、給与制度や人事評価制度もチェックの対象であり、それが企業や業態の競争力にどう結びついているかを確認していく。うまく機能している場合はM＆A後も変える必要はないし、そういう優れた仕組みがあること自体が企業の評価を高めることにもなる。

さらに重要なことは、企業の中でキーマンとして機能している人は誰か、その人はどのような能力や考えかたを持っているかを把握しておくことだ。本項のはじめに述べたように、人材こそが外食業においては競争力の源泉である。そして、力のある集団であればあるほど、そこには核となる人材がいるものだ。

前項で、事業デューデリジェンスとは「企業の将来性」を確認する作業であると述べたが、その将来像を描いていくのは人材である。買収後にどういう成長戦略を描けるのか、その裏づけとなる人材は揃っているのか、不足している部分や改善すべき点は何か。こうしたことを明確にしていくことが労務デューデリジェンスの目的といえる。

社労士の立場から見た M&A成功のポイント

「人をどう扱っているか」を事前に把握することが大事

売り手と買い手では企業文化が違いますから、M&Aではそれをどう融合していくかがポイントになります。とりわけ人材については、育ってきた環境も違えば評価の基準も異なるわけで、対応を間違うとM&Aの目的自体を達成できなくなることもある。IT業界などでは、買収された側の社員のモチベーションが急速に下がり、M&A後の1年間でほとんどの社員が退社してしまったという例もあります。せっかく買った会社が「抜け殻」になってしまったわけで、これではM&Aの意味がまったくありません。

私が顧問をしている会社が子会社で外食企業を持っていることもあって業界事情はよくわかりますが、外食は本当に「人がすべて」のビジネスです。トップをはじめとするマネジメントスタッフはもちろん、店長やスーパーバイザーといった現場を統率する優秀な人材をグリップしておくことが大事。きめ細かな顧客対応が差別化の鍵になっている場合はとくに重要で、M&A後に人材が流出してしまえば一気に競争力が低下することになります。

他にも、現場に仕入れの裁量を任せている企業の場合は、料理長がどういうコスト意識を持っているかを把握しておくことが大事です。仕込みなどについても同様で、厳密にマニュアル化されているのか、料理長がやりかたを含めて全部決めているのか。後者の場合、料理長が辞めれば現場はガタガタになってしまいます。M&Aを機にこうした点を改善して体質強化を図るケースが多いですが、まずは核となる人材をつなぎとめたうえで改革を進めていく必要があります。

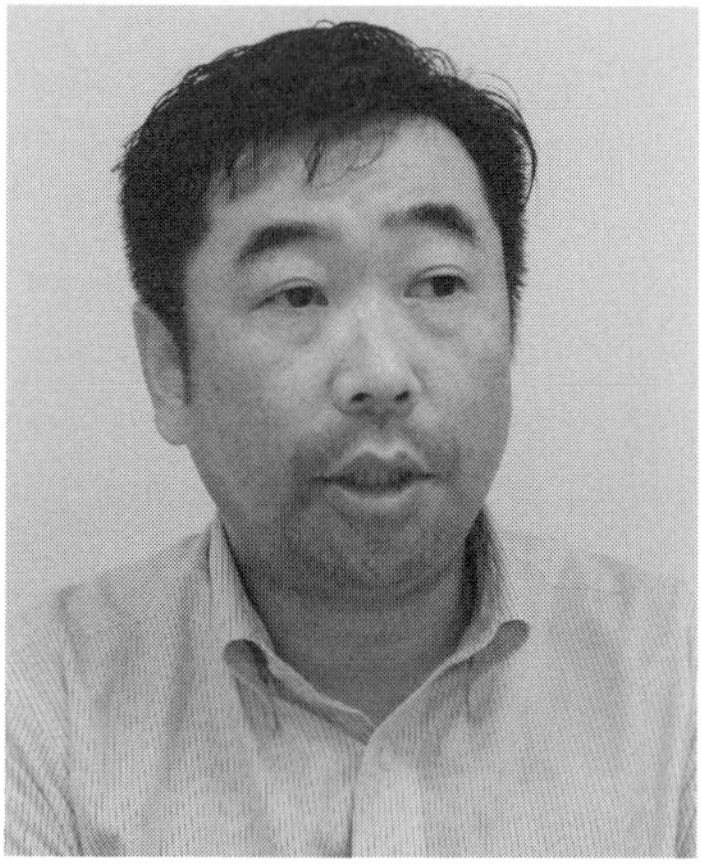

宮嶋社会保険労務士事務所
㈱インスクエア
代表取締役所長 **宮嶋邦彦**氏

M&Aで企業を買収する場合、相手先が人材をどのように扱っているかを事前にしっかり把握しておくことが、その後の事業運営をスムーズにしていくためにも欠かせません。コンプライアンスに抵触していないかを確認することはリスク管理の点からも不可欠ですが、それだけで企業評価が決まるわけではない。評価のポイントはあくまでどういう人材がいて、その力をどのように引き出しているかということですから。

その点では、人事評価制度を事前に把握しておくことも不可欠です。うまく機能している場合は無理に変える必要はないし、業態や事業部門ごとに異なる制度を併存させてもいい。大事なことは社員のモチベーションを下げないことですから。M&Aが成功した事例では、買収した企業のトップにしばらく残ってもらったというケースが多いですが、それも「人心掌握」がM&Aの成功の鍵であることを示しています。

第二章

実例で学ぶ、外食企業のM&A戦略

M&Aは外食の新たな成長戦略に

2017年の外食業界をふりかえってみると、これまで以上に活発にM&Aが活用された1年だったという印象がある。58~59頁に主だった事例を紹介しているが、上場企業以外は公表されないため、実際のM&A案件数はさらに多かっただろう。業界に蔓延する人材不足や後継者不在を解決するだけでなく、消費者の食嗜好の多様化など社会構造や消費行動の変化のスピードに追いつくための手段として、M&Aは欠かせない経営戦略のひとつになりつつあるのだ。

大手による急成長ブランドの買収が増加

この第二章では、外食業におけるM&Aの具体例を取り上げていく。後継者問題への対応策のひとつとしてM&Aがあることはすでに述べたが、そうした観点から事業を譲渡する側、譲受する側の事例なども紹介する。

ここ数年で注目すべき動きは、大手外食企業がマーケットの変化に対応するため、伸び盛りの外食ブランドを買収するケースが増えていることだ。㈱トリドールホールディングス(トリドールHD)がせんべロ酒場の注目株である「晩杯屋」を買収したのもその一例である。自社で新たなコンテンツをいちからつくるよりも、モデルができあがったものをまるごと買い取れば、ビジネスモデルだけでなく、物件や人材も効率的に確保することができる。

一方で、晩杯屋の事例は「同志的結合」という性格も強い。これはソフトバンク㈱の孫　正義会長の投資哲学でもあるが、同じ経営ビジョンを持った企業同士が手を組んで、さらに高みをめざすというものである。それが外食業界でも頻繁に起こりはじめているのだ。世界展開をめざすトリドールＨＤは既存の業態では進出できなかった立地に買収した外食モデルをはめ込むことで出店のペースを上げようと試みている。一方で、国内３００店体制をめざす晩杯屋にとってもトリドールＨＤの資金力、購買力、店舗開発力を活かせることは大きい。互いに手をとり合い、目標の実現をめざすべく結びついたわけである。

同志的結合で拡大をめざすＤＤとクリエイト

同志的結合の事例の中でとくに印象的だったのは㈱ＤＤホールディングスだ。同グループは16年9月に㈱ゼットン、17年４月には㈱商業藝術、同年11月に㈱エスエルディーをM＆Aしている。ゼットンは東海エリア、商業藝術は中国エリアを地盤としており、エリアの補完や事業規模の拡大といった狙いもあるが、いずれのトップもＤＤホールディングスの松村厚久社長の人間性に惚れ込み、一緒になって事業成長を遂げたいと考えて傘下入りに至った。

同様に同志的結合で規模を拡大しているのが㈱クリエイト・レストランツ・ホールディングスだ。

買収した企業の経営者も運営スタイルもそのままに、課題である財務や人事などのバックアップ体制を支援するという手法を採っている。かつての外食企業はトップ同士が親しく話し合う機会は多くなかった。しかし、いまはSNSなどを通じてトップ同士が密接につながっており、経営のビジョンや目標に共感する機会が増えているだけに、同志的結合のM&Aはさらに増えていくことが予測される。

DDホールディングスとクリエイト・レストランツ・ホールディングスのM&A戦略については、60頁以降に詳しく紹介しているので参照していただきたい。

投資ファンドは拡大戦略を支えるパートナー

そして、もうひとつ顕著になったのがファンドによる投資だ。その一例として17年12月には国内独立系投資ファンドの㈱J-STARが㈱越後屋の株式を取得している。越後屋の江波戸千洋社長へのヒアリングによると、和食ファミリーレストラン計画の実現に向けた組織改変と資金調達強化のためと語っている（94頁参照）。

ファンドといえば「ハゲタカ」と揶揄され、低迷企業を安く買い叩き、高値で売り抜けるというマネーゲームの仕掛け人といわれるなど、ネガティブな印象があったかもしれない。バイアウトが前提であることには変わりはないが、現在のファンドは買収した企業と一緒になって企業価値を高めようという考えが主流になっている。ファンドによるM&Aは新たな資金調達の手段であり、拡大戦略を支えるパートナー企業であると考えてもいいだろう。

ファンドにとっても、ビジネスモデルがわかりやすく、しかも安定した成長戦略が描きやすい外食業は有望な投資対象になっている。以前は売上規模の大きいチェーンが対象だったが、現在は10億～20億円規模の外食ベンチャー企業もM&Aの対象になっている。実際に当社に対するファンドマネジャーからの問合せも増えており、18年以降は投資ファンドによる外食業界のM&Aが活発化していくことになるだろう。なお、投資ファンドによる外食M&Aの事例については第三章で詳しく取り上げる。

その他にも水産業や畜産業などの大手企業、中国資本など新たなプレーヤーの参入も予測される。こうした状況について、自分たちの経営ビジョンを実現する手段が増えているのだとM&Aを前向きに捉えていただきたい。

2017年1月～2018年8月の主な外食M&A事例

2017年

- 1月
  - ▼ミツウロコグループホールディングス、スイートスタイルを子会社化
- 2月
  - ▼アクロディア、渋谷肉横丁の株式を取得
  - ▼サトレストランシステムズ、すし半事業を株式分割し、梅の花へ株式譲渡
- 3月
  - ▼安楽亭、日総開発より外食3店の事業譲受
- 4月
  - ▼DDホールディングス、商業藝術を連結子会社化
  - ▼TBIホールディングス、ホリイフードサービスにTOBを実施
  - ▼グルメ杵屋、銀座田中屋を子会社化
- 5月
  - ▼レンブラントホールディングス、ドムドムなどのハンバーガー事業を譲受
  - ▼日本KFCホールディングス、日本ピザハットとフェニックス・フーズの全株式をエンデバー・ユナイテッド・パートナーズ・シックスに譲渡
  - ▼トリドールホールディングス、香港の外食企業を子会社化
- 6月
  - ▼As-meエステール、ヴィレッジヴァンガードの外食事業を吸収分割により承継
  - ▼バルニバービ、老舗料理旅館の菊水を子会社化
- 7月
  - ▼アスラポート・ダイニング、モミアンドトイ・エンターテイメントを子会社化
  - ▼トリドールホールディングス、アクティブソースを買収
  - ▼ポラリス・キャピタル・グループ、BAKEを買収
  - ▼アークランドサービスホールディングス、バックパッカーズを買収
- 8月
  - ▼ガーデン、肉寿司の全株式を取得
- 9月
  - ▼日本産業推進機構、SORA GROUPを買収
  - ▼アスラポート・ダイニング、菊家を買収
- 10月
  - ▼日本ハウスホールディングス、銀河高原ビールをヤッホーブルーイングに譲渡

▼ホットランド、Ｌ.Ａ.ＳＴＹＬＥを完全子会社化

11月
▼ＤＤホールディングス、エスエルディーを持分法適用関連子会社化
▼トリドールホールディングス、ＺＵＮＤを買収
▼チムニー、富士マンションおよびハマヤフーズの飲食事業を譲受
▼ジェイグループホールディングス、かわ屋インターナショナルを買収

12月
▼トリドールホールディングス、香港の外食企業を買収
▼Ｊ-ＳＴＡＲ、越後屋を買収

2018年

1月
▼クレアホールディングス、アルトイズムを子会社化
▼Ｊ-ＳＴＡＲ、セクションエイトの過半数株式を取得
▼クリエイト・レストランツ・ホールディングス、イクスピアリの飲食事業を買収
▼クリエイト・レストランツ・ホールディングス、ルートナインジーグループと資本業務提携
▼アント・キャピタル・パートナーズ、スプラウトインベストメントと資本業務提携

2月
▼アスラポート・ダイニング、スティルフーズと資本業務提携
▼日本ＫＦＣホールディングス、ＢＹＯと資本業務提携

3月
▼ロングリーチグループ、ユーシーシーフードサービスシステムズから珈琲館事業を買収

4月
▼ユニゾン・キャピタル、資さんの株式取得
▼小僧寿し、デリズを買収

5月
▼アスラポート・ダイニング、ジェイアンドジェイの海鮮居酒屋事業を譲受

6月
▼フジオフードシステム、サバ6製麺所を買収

7月
▼ＦＣＤパートナーズ、俺のに資本参加
▼ジャパン・インダストリアル・ソリューションズ、ブルームダイニングサービスに資本参加

8月
▼ＪＢイレブン、ハートフルワークを子会社化
▼日本協創投資、コンプリート・サークルの株式取得

独自の「グループ連邦経営」でシナジーを発揮

クリエイト・レストランツ・ホールディングスのM&A戦略

現在の外食業界で、M&Aを有効に活用して企業成長を実現している企業の筆頭に挙げられるのが㈱クリエイト・レストランツ・ホールディングス（CRH）である。同社の岡本晴彦社長が三菱商事㈱の社内ベンチャー制度を活用して事業をスタートしたのが1999年。それから17年後の2016年2月期にはグループ年商1000億円を達成している。この成長スピードは日本の外食企業として過去に例がないものであり、その最大の原動力が積極的なM&Aであった。

企業によって異なるガバナンスの手法

同社は「マルチブランド・マルチロケーション」という独自の出店戦略を掲げて商業施設内を主力に多彩なブランドを展開し、2000年代初頭の外食市場を席巻した。05年に東証マザーズに上場し、07年には年商300億円を達成。そしてこの07年に初のM&Aとして日本料理店「吉祥」2店の事業譲渡を受け、㈱クリエイト吉祥としてグループ化している。吉祥を展開する企業の後継者問題が要因だったが、これを契機にM&Aが事業戦略において重要な位置を占めるようになる。

その後のM＆Aの経緯は62頁に紹介しているが、このうち外食業界で大きな注目を集めたのが13年4月に相次いで行なった㈱イートウォークとSFPダイニング㈱のグループ化だろう。ともに個性的なコンセプトで急成長してきた企業。しかしM＆A後のガバナンスの手法はこの2社で大きく異なっていた。そして、ここでの成功がその後のCRHのグループ戦略を決定づけていく。

イートウォークは創業者である渡邉明氏のカリスマ性とコンセプト開発力によって伸びてきた企業だ。しかしそれゆえに組織面では脆弱だった。11年3月11日の東日本大震災を前にして、渡邉氏は今後の事業展開への危機感を持ち、CRHグループ入りを決意。CRHは当初から取締役と社外取締役各1人を送り込み、本部もCRH内に設けて強力なバックアップ体制をとった。

一方のSFPダイニングはM＆Aの時点で「鳥良」や「磯丸水産」など居酒屋11業態91店を擁し、企業年商も約140億円に達していた。つまり強固な事業基盤を持っていたわけだが、居酒屋市場のレッドオーシャン化は急速に進んでおり、寒川良作会長以下の経営陣は成長戦略の点で不安を抱いていた。CRHグループ入りしたのはより次元の高い成長をめざすためであり、CRHの持つさまざまなノウハウや情報を活用するのが目的。しかし事業体としては独立性を維持し、CRHからの役員派遣も社外取締役3人のみとした。

潜在力を引き出し、次元の高い成長を実現

結果的にこのことが、両社の企業としての強みを引き出すとともに、グループ内シナジーも生み

企業沿革

1999年	㈱クリエイト・レストランツ設立
2004年	店舗数100店を突破
2005年	東京証券取引所マザーズ市場に株式上場
2006年	店舗数が300店を突破
2007年	㈱クリエイト吉祥がグループ入り
2010年	持株会社体制に移行し商号を㈱クリエイト・レストランツ・ホールディングスに変更
2012年	㈱ルモンデグルメがグループ入り
2013年	㈱イートウォーク、SFPダイニング㈱がグループ入り 店舗数が500店を突破
2014年	㈱YUNARI、㈱上海美食中心がグループ入り
2015年	㈱KRフードサービス、㈱アールシー・ジャパンがグループ入り 店舗数が700店を突破
2016年	㈱アールシー・ジャパンが㈱クリエイト吉祥、㈱上海美食中心と合併し、㈱クリエイト・レストランツの一部事業を分割継承して商号を㈱クリエイト・ダイニングに変更
2018年	㈱ルートナインジー、㈱クリエイト・ベイサイドがグループ入り 店舗数が900店を突破

売上高の推移（グループ連結：単位百万円）

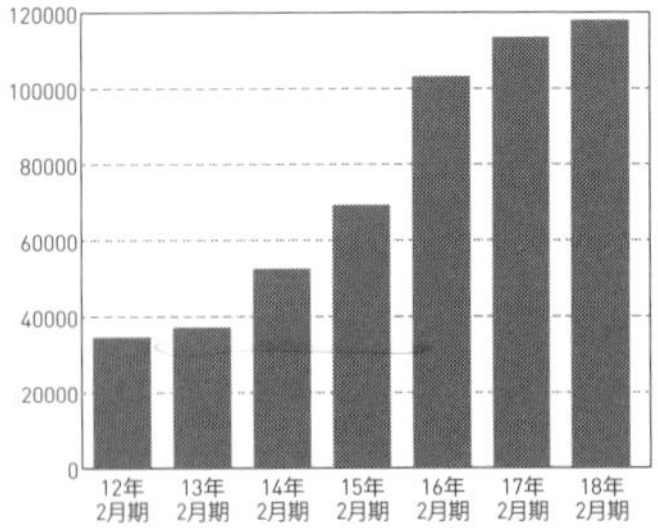

経常利益の推移（グループ連結：単位百万円）

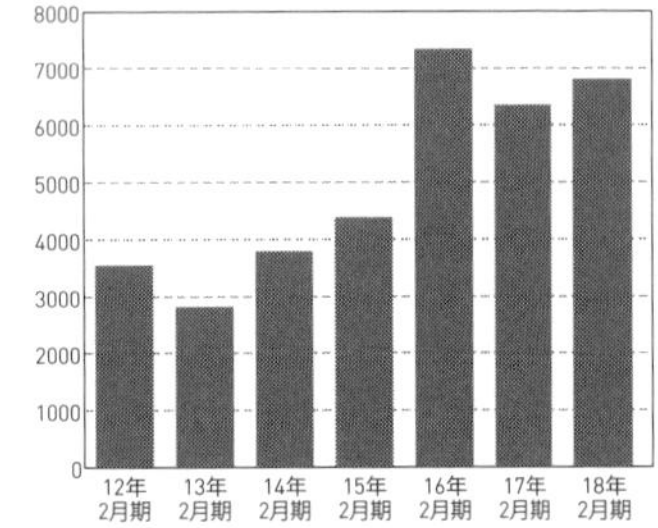

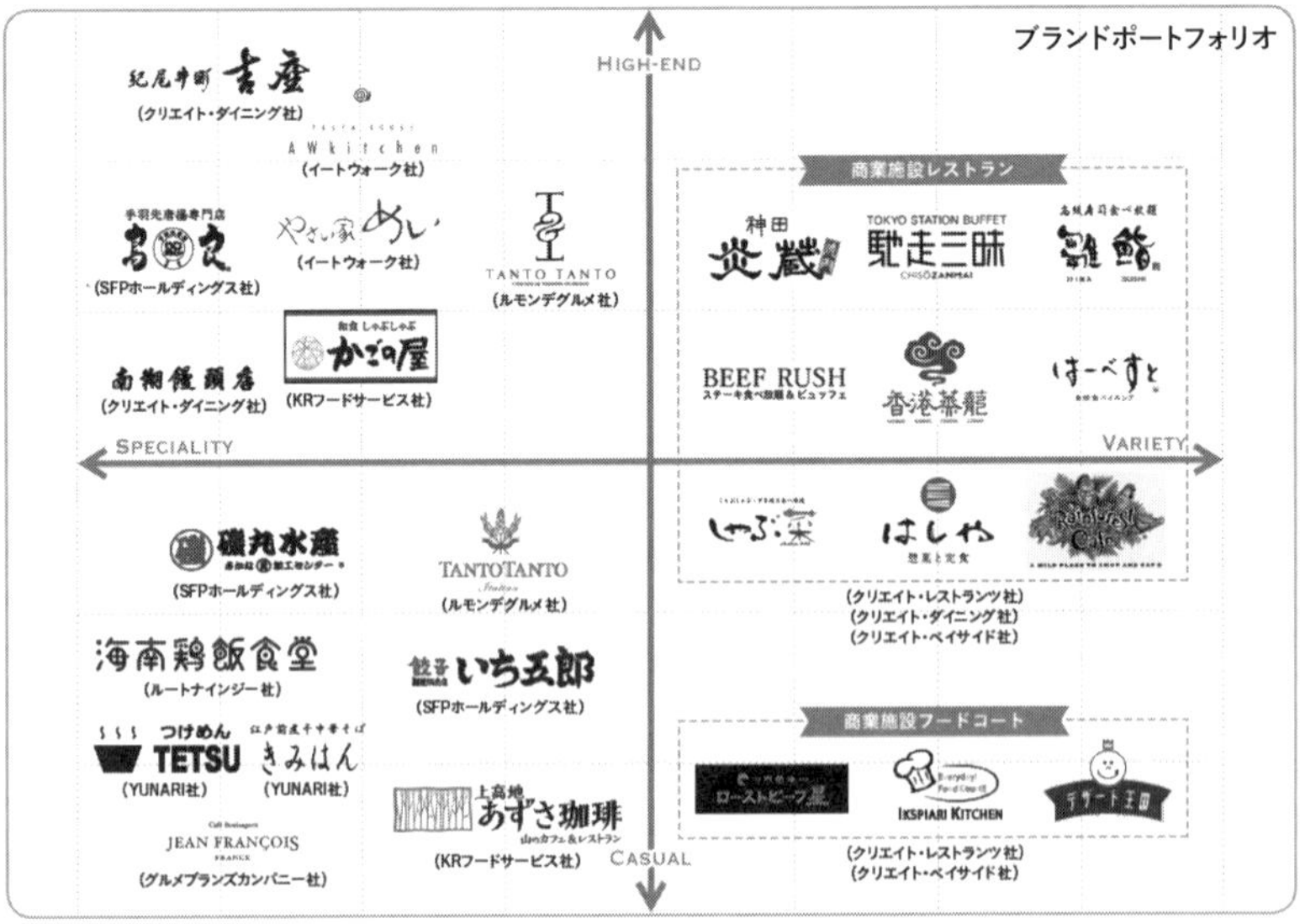

縦軸は価格帯（上が高、下が低）、横軸はメニューの専門性（左が専門性が高く、右が幅広い品揃え）を示す。
外食マーケットを多角的に攻略するうえでも、M&Aが有効に機能していることがわかる。

出していくことになる。イートウォークについては、出店のための資金調達をCRHが担うことに加え、食材供給や計数管理のシステムを共有することでさまざまな面でのコストメリットが生まれた。また、CRHの不振店をイートウォークが開発した新業態に転換するなど、グループとしての出店オプションの強化や業態ポートフォリオの再構築にもつながっている。

M＆Aが企業成長に結びついたという点で、SFPダイニングは特筆すべき成功例といえよう。16年2月期の企業年商は360億円と、グループ入りして3年で2・6倍に伸長。グループ基幹企業である㈱クリエイト・レストランツ（CR）の売上高390億円に肩を並べる規模にまで成長したのである。この16年2月期にCRHのグループ売上高は1032億7100万円と1000億円の大台をクリア。その最大の原動力がSFPダイニングの成長であったことは間違いない。

SFPダイニングが急成長を遂げた理由を、CRHの岡本社長はこのように語っている。

「僕らがやったのは『もっとできるはず』と言い続けただけ。SFPにはそれだけの地力があったわけですが、自ら限界を設定してしまっているところがありました。でもわれわれが『CRは1ヵ月で30店出店したこともあるんですよ』と言うと『だったら自分たちももっとできるかも』と思うようになる。そうやって意識レベルを引き上げていくことが大事なんですね」

もちろん意識を変えるだけでなく、それに合わせた仕組みの変更も行なっている。組織のありかたや会議のしかた、立ち上げ部隊の育成など。新規出店時の図面チェックの方法もCRのノウハウを取り入れてスピードアップを図るなど、細かな部分にまでそれは及んだ。つまり、SFPダイニングが持つ業態力や人材力を生かしながら、新しい考えかたを持ち込んだこと。これが企業の潜在力を引き出し、M&Aの目的である高次元の成長を可能にしたわけだ。

異なる軌道を持つ衛星でグループをつくる

ここでいう考えかたとは「企業DNA」と言い換えてもいい。企業にはそれぞれ異なるDNAがあり、それが会社の個性や企業文化をつくっている。M&Aは異質なDNAを取り込むことでもあるが、ガバナンスのしかたによっては個性を弱めたり、本来の強みを失うことにもなりかねない。

CRHはその危険を見事に回避しているわけだが、その最大の要因が「グループ連邦経営」という独自の思想だ。その内容については66頁からの岡本社長のインタビューに詳しいが、異なるDNAすなわち多様な企業文化をグループ内に取り込み、それらを共存させることによってより発展的な解答を導き出そうという考えかたである。

一方で、企業単体では手が回らなかったり、取り組みが不足している部分はグループ企業間で補完し合う。先述したイートウォークの他、13年にグループ入りした㈱YUNARIも同様の例として挙げられる。同社は人気ラーメン店の「つけめんTETSU」を展開する企業だが、いわば職人集団であり管理部門が手薄だった。そうしたバックオフィス部門をグループ内で統合することで、YUNARIが営業強化や人材育成に傾注できる体制を整備した。

SFPダイニングのように独立性の強い会社を、岡本社長は「遠いところを回っている衛星」と表現する。一方でイートウォークやYUNARIのようにバックオフィスを共有する会社は「近いところを回っている衛星」。CRからの距離も、DNAも異なる衛星がそれぞれの軌道で回り続けているところに、CRHのグループ経営の本質があるといえよう。

16年には、先述のクリエイト吉祥、小籠包専門店を展開する㈱上海美食中心、テーマレストランの「レインフォレストカフェ」を展開する㈱アールシー・ジャパンとCRの一部事業を統合して㈱クリエイト・ダイニングを設立。CRの主力立地である商業施設内での展開力をさらに強化した。

また、18年に入ってからもシンガポールチキンライス専門店「海南鶏飯食堂」を展開する㈱ルートナインジーがグループ入りするなど、依然としてM&Aに積極的な姿勢を見せている。

「CRはいろんなことをやってきた会社なので〝主流派〟がいない。だから逆に、新しく加わった会社から素直に学ぼうと考えるんです。外食にいろんなスタイルがあるように、多様性があってこそ外食の市場は豊かになるし、事業としても発展できる。そこに最短で到達するための戦略がグループ連邦経営であり、そのもっとも有効な手段がM&Aなんですね」と岡本社長は語る。

M&Aは「機会を増やす」こと。それが個々の企業にはない成長力を生むことになります

㈱クリエイト・レストランツ・ホールディングス
代表取締役社長 岡本晴彦氏

M&Aは本来、異質な企業文化を取り入れたり、自らの企業文化を変えるために行なうものだと思います。過去を否定し、それまでとは違う企業として進化していくのが目的。それこそがM&Aによって生まれるシナジーであって、統合による効率化とかスケールメリットはM&Aの本質ではないんです。

異質なものを同化させるのではなく、むしろ異質なまま併存させる。オリジンが違うもの同士が結合して、より次元の高い経営をめざそうというのがわれわれの戦略であり、これを「グループ連邦経営」と呼んでいます。次元が高い経営とは、どんな業態でもオペレーションでき、どんな組織でもマネジメントできる能力を持った人材が揃っていること。ようはプロフェッショナル集団による経営ですが、これを実現するためにもっとも有効な手段がM&Aなんですね。

さまざまなDNAを内在するグループに

こう考えるようになったのは、われわれ自身の生い立ちに関係があります。商業施設内でマルチブランドを展開して成長してきたわけですが、私自身は個々の競争力が弱いと感じてきた。いろんな業態を開発できる柔軟性がある一方で、一つひとつの業態に「つくってきた人の匂い」は薄いんですね。でもそれがクリエイト・レストランツ（CR）のオリジンであって、無理に「濃い業態」をつくろうとしても難しい。だったら、それが得意な企業と手を組んだほうが結果としていいものができる。これがそもそもの発想でした。

最初のM&A案件として事業譲渡を受けた吉祥は日本料理の老舗であり、われわれにないオリジンを持っている企業です。その後のイートウォーク、SFPダイニングにしても、トップのカリスマ性やオリジナリティのある業態開発力で伸びてきた。「つけめんTETSU」を展開するYUNARIもそうですね。そうしたひとつのことに特化して追求するDNAを持った企業をグループとして取り込み、CRの柔軟性をノウハウとして活用する。それによって、個々の企業の力だけでは実現できない成長を可能にしていくというのがグループ連邦経営のめざすところです。

M&Aによって新しい成長のステージに立つことができれば、そこで働く社員にとっては活躍の場が広がることになる。実はこれがもっとも重要です。多くの外食企業では、新しいことに取り組んでいるのはトップをはじめ一握りの人で、大半の社員は日々の業務に追われているだけ。それではモチベーションは上がりません。成長の機会が少なすぎることが働く人の意欲を下げ、企業成長も阻んでいるわけです。

社員にとって成長の機会が増えること。これこそM&Aによって生まれる最大のメリットです。そして、それには考えかたを変えてあげる必要がある。これまでのやりかたにこだわらず、自らの力やノウハウを生かせるよう方向づけすることが大事です。

たとえば2015年にグループ化したアールシー・

ジャパンはテーマレストランの「レインフォレストカフェ」を運営してきた企業ですが、提携先の米国本社と常に連携してきたので海外企業との交渉に長けた人材がいます。そのノウハウを生かしてハンバーガーの「ザ・カウンター」との提携が実現しました。

もうひとつの例がKRフードサービス。主力ブランドの「かごの屋」をはじめ日本料理がコア事業で、店のオペレーション負担が重いこともあり展開スピードが上がりませんでした。でも見かたを変えれば、この会社には主力立地の郊外ロードサイドでの物件開発力など多くのノウハウがあるわけで、そこを生かせば新しい展開も可能になる。そう方向づけした結果、生まれたのが郊外喫茶店の「上高地あずさ珈琲」です。

展開スピードでも多様性が大事

ようは働く人たちの「考えかたの土俵」を拡げてあげることが大事なんですね。それは既存事業を伸ばしていこうという場合も同様です。従来の考えかたにとらわれて、自ら限界を設定していることが多い。SFPダイニングの業態などは、月間30店も出したことがあるCRからすればいくらでも出店ペースを上げられそうに見えました。でも図面の最終チェックなど細かな部分にこだわり、無駄に時間をかけているところがあった。その点CRは、ポイントを絞ることで図面チェックを1店あたり5分程度で完了できるノウハウを持っています。それを活用して一気にスピードアップを図った結果、急成長につながったわけです。

もっとも、展開スピードは個々の企業や業態に合ったものがあるわけで、そこを一律にしていく考えはありません。それぞれのDNAと、それによって生まれるよい企業文化を守った展開を進めていくことが大事であって、この点でもグループ内に多様性があることが望ましい。同様に、業態やブランドについても永続性のあるもの、スクラップ&ビルドしていくものなどさまざまです。どちらがいい悪いではなく、それぞれ違う役割があるということ。その役割を明確にすることが正しい経営判断には不可欠で、そのためにもグループ連邦経営は理にかなっていると考えています。

現状、年間100件ほどのM＆A案件が持ち込まれていて、経営企画の専属スタッフ2人を中心に5人前後のスタッフで検討しています。可否を判断する一番のポイントは、経営者自身に成長に向けた強い意志があるかどうか。ですから、いわゆる救済的M＆Aはやりません。経営者がリタイアを前提にしていたり、やる気を失っていては連邦経営が成り立ちませんからね。

異質なものをそのまま併存させる。これがグループ連邦経営です

さらにいえば、うちがM＆Aをすることでダメな企業や業態を再生できるとも考えていません。あくまで、いいものをより伸ばすためにグループのノウハウを活用できるかで判断します。また、この業態は後世にちゃんとつないだほうがいいというものがあれば、それもつないでいくのが使命だと思っています。

外食以外の業種をグループとして取り込むことは考えていません。なぜなら、私自身が外食は素晴らしい産業だと考えているから。外食の魅力は何かといえば最終的には人が介在することでビジネスとしての価値が生まれることです。おいしい料理やサービスなど、すべてが人によって生み出され、それが楽しさや豊かさにつながる。そういう、いわば「大義」のある分野で事業をしていきたいんですね。そのためにも、M＆Aで社員が成長する機会を増やし、プロフェッショナルと呼べる人材をつくっていくことが大事です。

DDホールディングスのM&A戦略

2001年に外食マーケットに進出して以来、「100店舗100業態」という大胆なスローガンに象徴される多ブランド戦略で急成長を遂げた㈱ダイヤモンドダイニング。同社は17年9月1日付で持株会社制に移行し、商号を㈱DDホールディングスに変更した。この年、㈱ゼットンと㈱商業藝術を連結子会社化し、㈱エスエルディーを持分法適用関連会社化するという大型M&Aを立て続けに敢行。M&Aを拡大戦略のコアに据えてきた同社が、新たな成長のステージに立ったことを示す動きとなった。

外食の業容拡大をめざした初期のM&A

過去10年間におよそ10件にのぼるM&Aを実施してきたDDホールディングスだが、初期の案件は外食企業としての業容拡大が主たる目的だった。

最初のM&A案件となったのが08年6月の㈱サンプールの子会社化である。当時のダイヤモンドダイニングの出店エリアが銀座周辺に限定されていたのに対して、サンプールは東京・西新宿を中心に居酒屋業態7店を展開しており、子会社化で出店エリアの拡充が見込めた。また、サンプール側も新たなメニュー開発や業態開発の体制が整っておらず、その点でダイヤモンドダイニングのノウハウや人材が活用できたこともM&Aの理由だった。

翌09年には、㈱フードスコープから33店の事業譲受契約を締結。同社は当時「今井屋」をはじめ客単価8000円を超える専門性の高い業態を擁しており、業界内で高いブランド力を備えていた。当時のダイヤモンドダイニングの業態の客単価は3000〜4000円であり、価格面から見た業態ポートフォリオの拡充が可能になる。中価格帯〜高価格帯の業態を充実させることで、グループ全体での来店機会の増大を図ろうと考えたわけだ。

このM&Aは業界でも大きな話題となったが、その理由は「小が大を吸収する」という形だったことだ。当時のダイヤモンドダイニングの年商約60億円に対して、フードスコープの事業譲受対象店の売上げの合算は約70億円。株式取得ではなく事業譲受ではあったが、自社より大きな事業体を取り込むことは外食業界において異例だった。それだけにM&A後の組織融合にはさまざまな苦労があったようだが、結果として自社にはない優秀な人材を多数獲得できた。そして、そのことが以後のグループ戦略において大きな意味を持つようになる。

事業領域の拡大と海外進出が新たな目的に

2010年以降にダイヤモンドダイニングのM&A戦略は加速するが、その狙いも対象とする企

企業沿革

1996年	㈲エイアンドワイビューティーサプライ設立
2001年	「VAMPIRE CAFE」を出店し外食事業に参入
2002年	商号を㈱ダイヤモンドダイニングに変更
2007年	50店舗50業態達成
2008年	㈱サンプールを連結子会社化
2009年	㈱ゴールデンマジック設立（100％出資会社） ㈱フードスコープから33店を事業譲受
2010年	㈱吉田卯三郎商店を子会社化 100店舗100業態達成
2011年	㈱バグースを子会社化 ハワイの日本食レストラン「SHOKUDO」を連結子会社化
2014年	シンガポールKOMARS F&B PTE.LTD.を連結子会社化 ㈱ゴールデンマジックが萩原商事㈱・㈲サンクスから計8店を事業譲受 KNG Corporationからハワイのウェディング事業を譲受し連結子会社化
2015年	㈱ゴールデンマジックが関西養老乃瀧㈱から13店の事業用資産譲受を受ける
2016年	㈱ゼットンを持分法適用関連会社化
2017年	㈱ゼットンを連結子会社化 ㈱商業藝術を連結子会社化 ㈱エスエルディーを持分法適用関連子会社化

売上高の推移（グループ連結：単位百万円）

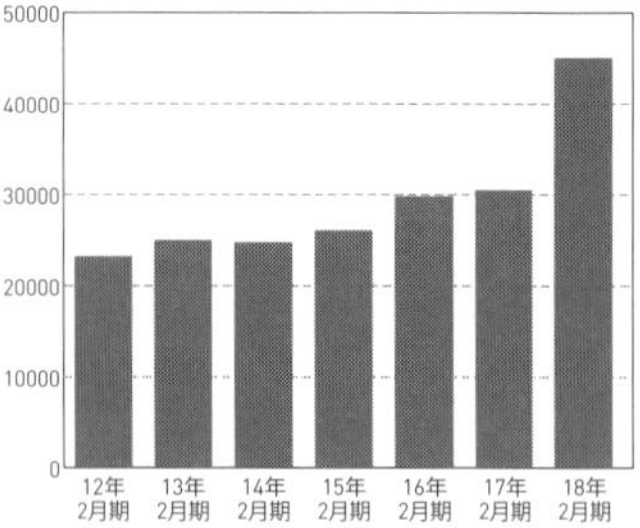

経常利益の推移（グループ連結：単位百万円）

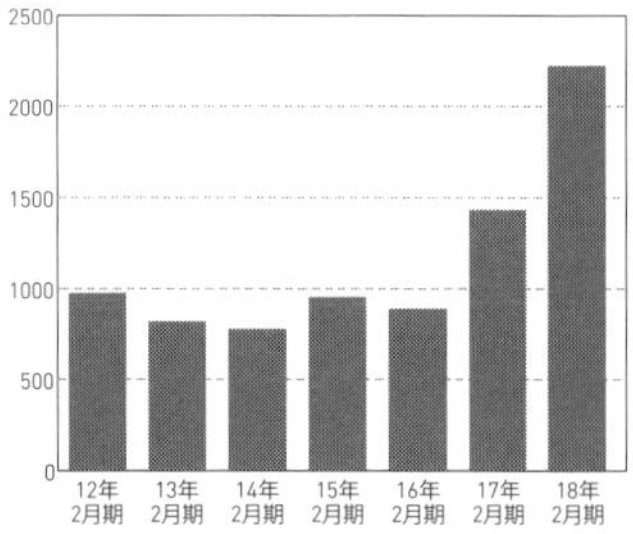

グループ企業の概要

持株会社

㈱DDホールディングス

事業会社

飲食事業

国内
- ●㈱ダイヤモンドダイニング
- ●㈱ゴールデンマジック
- ●㈱サンプール
- ●㈱The Sailing
- ●㈱ゼットン
- ●㈱アロハテーブル
- ●㈱商業藝術
- ○㈱エスエルディー

海外
- ●Diamond Dining International Corporation
- ●Shokudo Japanese LLC
- ●Buho Waikiki LLC
- ●Diamond Wedding LLC
- ●Diamond Dining Singapore Pre LLC
- ●Diamond Dining Macau Limited
- ●ZETTON. INC.

アミューズメント事業

国内
- ●㈱バグース

●：連結子会社　○：持分法適用関連会社

持株会社である㈱DDホールディングスのもと、国内9社、海外7社の事業会社でグループを形成。展開する店舗数は2018年2月期連結決算段階で飲食事業約370店（国内・海外計）、アミューズメント事業55店の体制へと拡大している（2018年2月末時点）。

業も広がりを見せていく。同時に、同社の掲げる事業ビジョンもより大きなものになっていった。

11年には㈱バグースの株式を１００％取得して子会社化している。バグースはビリヤードやダーツ、カラオケなどのアミューズメント事業を手掛け、東京都内を中心に当時すでに53拠点を擁していた。このＭ＆Ａの目的は外食以外の周辺事業領域を拡充することだったが、営業面でのシナジー効果も大きかった。ダイヤモンドダイニングの業態は最初に行く店、すなわち「一次会需要」が中心であるのに対して、バグースの業態は２軒め、３軒めの需要を取り込むことができる。フードスコープのＭ＆Ａの目的であった「来店機会の増大」を、業態やジャンルの枠を超えてより強力に推進していこうという狙いがあったわけだ。

バグースは現在でも、グループ内で唯一アミューズメント事業を手掛ける企業として独自の位置を占めているが、存在感はそれだけにとどまらない。企業の成り立ちゆえに独特のセンスを持った人材が多く、そのことが既成概念を超えた新しい業態開発につながっている。訪日外国人客に大人気のエンタテインメントカフェ「KAWAII MONSTER CAFE HARAJUKU」や多彩な客席を持つユニークなラウンジ「1967」などがそれだ。バグースの存在はそのまま、ＤＤグループの戦略のユニークさに直結しているといえよう。

同じ11年には米国ハワイで「SHOKUDO」を展開するDream Dining Honolulu LLC.の株式を１００％取得。これを皮切りにグループとしての海外展開を加速させていく。ＤＤグループにとって11年は、拡大戦略を大きく転換させるターニングポイントの年となった。

大型M&Aでも目的は「異質な個性」の獲得

そして冒頭に紹介したように、16年からはM&A案件がより大型化する。同時に、M&Aによって描く拡大戦略やシナジー効果もダイナミックなものになっていくが、DDホールディングスの松村厚久社長にとってのM&Aの目的はむしろシンプルになっているようだ。それは「異質な個性を取り込んでいく」ということである。松村社長は言う。

「M&Aの目的って、煎じ詰めれば人材なんですよ。どんなに効率化やオートマチック化が進んでも、人の育成だけはスピードを上げられない。その点、人材を一度に、一気に手に入れられるM&Aは僕が考えるグループ戦略には不可欠なものです。しかもその人材は、われわれにはない個性を持っていることが望ましい。ホールディングス化を考えるようになってからはとくに、そのことを意識するようになりました」

ゼットンのグループ入りは、その狙いを端的に示すものといえよう。事業戦略上のシナジーはノンアルコール業態の拡充や東海エリアへの展開強化が挙げられるが、松村社長の最大の狙いはゼットン創業者の稲本健一氏という強烈な個性をグループに取り込むことにあった。「イナケン（稲本氏）は僕にとって外食業界最大のヒーロー」と松村社長は語っているが、その言葉からもこのM&Aの目的は明快だ。

17年の商業藝術、エスエルディーに対するM&Aも同様である。商業藝術は「Make a Cinema

郵便はがき

料金受取人払郵便

本郷局承認

2605

差出有効期間
2020年4月
30日まで
(切手不要)

113-8790

(受取人)
東京都文京区湯島3-26-9
イヤサカビル3F
株式会社 柴田書店
書籍編集部　愛読者係行

フリガナ 芳　名	男 女	年齢 歳
自宅住所 〒	☎	
勤務先名	☎	
勤務先住所 〒		

● 該当事項を○で囲んでください。

【A】業界　1.飲食業　2.菓子店　3.パン店　4.ホテル　5.旅館　6.ペンション　7.民宿　8.その他の宿泊業　9.食品メーカー　10.食品卸業　11.食品小売業　12.厨房製造・販売業　13.建築・設計　14.店舗内装業　15.その他(　　　　　)

【B】Aで15. その他とお答えの方　1.自由業　2.公務員　3.学生　4.主婦　5.その他の製造・販売・サービス業　6.その他

【C】Aで1. 飲食業とお答えの方、業種は?　1.総合食堂　2.給食　3.ファストフード　4.日本料理　5.フランス料理　6.イタリア料理　7.中国料理　8.その他の各国料理　9.居酒屋　10.すし　11.そば・うどん　12.うなぎ　13.喫茶店・カフェ　14.バー　15.ラーメン　16.カレー　17.デリ・惣菜　18.ファミリーレストラン　19.その他

【D】職務　1.管理・運営　2.企画・開発　3.営業・販売　4.宣伝・広報　5.調理　6.設計・デザイン　7.商品管理・流通　8.接客サービス　9.オーナーシェフ　10.その他

【E】役職　1.社長　2.役員　3.管理職　4.専門職　5.社員職員　6.パートアルバイト　7.その他

ご愛読ありがとうございます。今後の参考といたしますので、アンケートにご協力お願いいたします。

◆お買い求めいただいた【本の題名＝タイトル】を教えて下さい

◆何でこの本をお知りになりましたか？

1．新聞広告（新聞名　　　　　）　2．雑誌広告（雑誌名　　　　　）

3．書店店頭実物　　4．ダイレクトメール

5．その他＿＿＿＿＿＿＿＿＿＿

◆お買い求めいただいた方法は？

1．書店　地区　　　　県・書店名＿＿＿＿＿＿

2．柴田書店直接　　3．その他＿＿＿＿＿＿

◆お買い求めいただいた本についてのご意見をお聞かせ下さい

◆柴田書店の本で、すでにご購入いただいているものは？

◆定期購読をしている新聞や雑誌はなんですか？

◆今後、どんな内容または著者の本をご希望ですか？

◆柴田書店の図書目録を希望しますか？　1．希望する　2．希望しない

●ホームページをご覧ください。URL=http://www.shibatashoten.co.jp
新刊をご案内するメールマガジンの会員登録（無料）ができます。

記入された個人情報は、顧客分析と御希望者への図書目録発送のみに使用させていただきます。

Day／あなたを上映する」というスローガンを掲げ、さまざまな生活シーンの提案をテーマにした業態開発を進めているが、それは貞廣一鑑社長というカリスマが生み出した特異なコンセプトだ。またエスエルディーは高学歴なスタッフが揃う、松村社長の言葉を借りれば「頭脳集団」。いずれもＤＤホールディングスにない個性が集う組織であり、その点にこそM＆Aの最大の狙いがあった。

人材が育ち、活躍の場がさらに広がる

バックオフィスの共有化や、共同仕入れによるコストダウン、グループ共通のポイント制度「DD POINT」の導入による販促・集客の強化など、M＆Aによる直接的なメリットを追求することはどの案件でも共通している。しかしＤＤホールディングスにとって最重要のポイントは、異能の人材をグループ内に多く取り込み、それによって業界常識を覆すような事業戦略を描くことにある。

すでにゼットンの稲本氏がグループの海外統括取締役に就任し、海外での成功体験を生かしてDiamond Dining International Corporationの不採算事業の立て直しに取り組むなど新しい展開がはじまっている。先に紹介したフードスコープ出身者の中からも、ダイヤモンドダイニングの澤田泰一氏、The Sailingの松本小次郎氏のように、グループ会社の社長として活躍する人材が輩出してきた。

「人がすべて」とは外食業の本質を表す言葉であるが、ＤＤホールディングスのM＆A戦略もまた、この本質を踏まえたものといえよう。

異質な個性を取り込むことがM&Aの目的。それを開花させる環境づくりが鍵です

㈱DDホールディングス
代表取締役社長・グループCEO
松村厚久氏

2017年9月に持株会社制に移行してからは、DDホールディングス傘下の事業会社のトップが集まって毎週朝礼をやっているんですけど、大変ですよ。みんな好き勝手にしゃべるので。㈱ゼットン創業者のイナケン（稲本健一）なんか、ずっと自慢話してる（笑）。というのは冗談で、自分の考えをでっかい声で滔々と話すんですけど、議論を方向づけたり収束させようと考えている奴が一人もいない。でもそれでいいんです。「異質な個性」を取り込んでいくのがM&Aの目的だったし、その個性を存分に発揮してもらうのがホールディングス制をとった理由ですから。

ゼットンと同じ17年にグループ入りしてもらった商業藝術の貞廣一鑑社長は、僕にとっては憧れであり目標だった方です。「Make a Cinema Day／あなたを上映する」という企業コンセプトは素晴らしいし、貞廣社長が掲げるビジョンに僕自身も共感して仲間になっていただいた。そのビジョンを実現する場をどんどん用意していきますから、貞廣社長はこれから突っ走りますよ。その結果どういうものが生まれてくるか、僕も本当に楽しみなんです。

ひとつの評価軸に押し込めてはいけない

これまでにもさまざまなM&Aを手がけてきましたが、本当の狙いはどの案件も同じです。つまり、M&Aによって手に入れられる最大の資産は「人材」であるということ。初期のM&Aこそ事業のスピードを上げたり、出店エリアや業容を拡大することが直接の目的でしたが、最終的にはそこで獲得した人材こそが資産なんだと思うようになりました。

そのいい例が、09年に33店の事業譲渡を受けたフードスコープです。高いブランド力を持つ業態と、それを支える店舗運営技術を手に入れようと考えたわけですが、結果として優秀な人材を多く獲得することになりました。高級焼とり店「今井屋本店」総料理長を務めていた篠田茂治はいま、完全紹介制の焼とり店「焼鶏 しの田」や高級土佐料理の「桂浜」で腕をふるい、著名人をもうならせる料理の数々を提供しています。また、現在当社の執行役員・社長室長を務める青木俊之もフードスコープ出身で、これまで高級業態の業態開発やVIP顧客へのサービスに天賦の才能を発揮してくれました。

グループ会社のトップを任せている人材もいます。㈱The Sailing社長の松本小次郎がそれで、彼は16年の「S1サーバーグランプリ」のファイナリスト。サービスマンとしての能力はもちろん、マネジメント力も抜群で、ダイヤモンドダイニングの関西地区の事業部長も務めました。そこで多業態を束ねてきた手腕を買って、ブライダル企業のトップに据えたわけです。

こう言うと、獲得した人材がすぐに活躍してくれたように聞こえるかもしれませんが、そんな簡単なものじゃありません。フードスコープをM&Aした時なんて当初、向こうは全員ケンカ腰でした。それも当然で、買収したわれわれのほうが企業規模も小さいわけだし、一般社員からすれば「何様のつもりだ」と思うもの。だから人事面では苦労があったし、失敗もいっぱいしました。

そこで学んだのは、ひとつの評価軸に押し込めようとしてはいけないということ。また、チームを組む場合でも社員の個性や人間関係を細かく把握したうえで最適な組合せを考えていかないといけません。これは単に仲良しグループをつくるということではない。むしろ逆です。嫌いな者同士を同じ店に配置すると、お互い刺激し合っていい結果を生んだり、その結果いい関係を築いていくようにもなる。こういうことも失敗の連続の中で得たノウハウですが、M&Aをやらなければ決して得られない経験でした。

でも実を言うと、思いは複雑なんです。僕個人としては、ダイヤモンドダイニング出身者をできるだけ主要なポジションに就けたい。自分がつくった会社ですからね。でも実際のところは、フードスコープやバグースに「こいつできる」と思う人材がいたりする。ここはやはり公正な評価が必要です。ただし、公正はあっても、公平はない。これが人事においては不可欠だし、M&Aを実施した後の組織融合という点でも、一番重要なポイントだと思いますね。

採用面でもM&Aによる業容拡大は有効

M&Aのメリットとしてバックオフィスの共有による効率化が言われますが、効率化できることはやっていくのが当然であって、それがM&Aの目的とは思いません。ただ、ロボテック化による管理業務のスピードアップなどは、それを活用する企業の数が増えるほどメリットは大きくなりますから、M&Aでシナジーが生まれることは確かです。

ただ、それよりも大事なことは人材力の強化です。それができてこそ、どんどん新しいことに取り組めるわけですから。そして、挑戦できる職場にこそ人は集まってくるもの。アミューズメント事業が主力のバグースは最近、新しいタイプのカプセルホテル「GLANSIT AKIHABARA～COMFORT CAPSULE HO

TEL～（グランジット秋葉原）」の展開をはじめました。インバウンドなど宿泊需要の高まりに対応したものですが、事業はもちろん人の採用も好調なんですよ。

これまで当社が主力にしてきた居酒屋は競争も熾烈

挑戦できる職場に人は集まってくる。そういう企業にしないといけない

だし、人の採用も非常に難しくなっている。その点、バグースの他にもゼットン、商業藝術といったノンアルコール業態を持つ企業はそれほど人で苦労していません。その点でも、M&Aを活用して業容を拡大していく必要は感じますね。

稲本健一という傑出した才能を得て、海外事業にも本格的に取り組める体制が整ってきました。14年に株式取得したシンガポールの子会社は軌道に乗らず、会社は存続するものの全店をクローズしましたが、それも含めて仕切り直しです。これからは米国本土を狙いたい。僕自身もこのところ海外にはよく行っていますが、ビジネスチャンスはいっぱいあると感じますし、いつも発見の連続ですね。

とくに最近は、宿泊事業に強い興味を持つようになりました。米国の新しいホテルを見ると本当にかっこいいし、ビジネスとしても大きな可能性を感じる。今後のM&Aは外食事業にこだわらず、さらに視野を広げて進めていく考えですが、宿泊もその有力な候補になってくると思います。

事業譲渡事例——ダイネットの場合

ここからは具体的なM&A事例をとりあげていく。創業者が手がけてきた事業や会社を売却する理由、あるいは買収する側はどのような目的で譲渡に踏み切るのか、具体的な事例を通してみていこう。

まずは㈱ダイネットのオリジナル業態であるもつ焼き専門店「エビス参」の事業譲渡にクローズアップする。このケースでは、最終的に売り手であるダイネットと買い手の㈱あさくまがともにメリットを得られるウィンウィンのM&Aを実現している。成功に至った理由は、売り手の事業を手放すタイミングと買い手のスピード感にあった。

事業譲渡で売却益を確保

ダイネットの中川徹也社長からM&Aの相談を受けたのは2013年3月のことである。人材が集まらないことに加えて、資金繰りも悪化していた。エビス参の展開をこのまま自社で続けるよりも、資金が潤沢にあり、人材の層も厚い外食企業に経営を譲ったほうが事業の将来性が見込めるとの判断だった。

中川社長はダイネットを売却する株式譲渡を考えていたが、新業態として出店したカフェの負債などを抱え、簿外のリスクもあった。そこで収益性の高いエビス参だけを切り離したほうが価値がつきやすいと判断し、事業譲渡を提案した。エビス参の標準モデルは12坪25席の規模で月商350万円だが、収益性が高く、店の規模を考えても運営しやすい。さらに首都圏に展開しているなど専門業者から見ても好条件の譲渡案件だった。

一方で、当時フランチャイズ店を含めて7店を展開していたエビス参の営業利益はおよそ3000万円。事業譲渡ならそれ相応の金額で売却できる見込みがあった。その金額であれば、税金の滞納や社員の厚生年金の未納、さらにカフェを立ち上げた時の借入金の返済残などを清算しても十分な売却益が残る。それが事業譲渡を提案した経緯だ。

中川社長の譲れない売却条件としては、社員の給与や待遇を下げないこと、エビス参の事業に携わっていたご子息を継続雇用することのふたつがあり、売却金額は相場価格で十分とのことだった。こうした条件で買い手を募ったところ、興味を示した企業は8社。いずれももつ焼きビジネスに関心があり、そのノウハウや仕入れルートがほしいというのが主な理由だった。

その8社の中から2社に絞り込んでネームクリアし、トップ面談をスタート。中川社長はスタッフの将来を考えて事業を売却するということを早いタイミングで社員に伝えていたため、面談の会場はエビス参や、相手先の店でセッティングし、会食しながら面談を進めた。

決め手は交渉のスピード感

その交渉段階で㈱テンポスバスターズの創業者で、当時あさくまの代表取締役社長でもあった森下篤史氏から中川社長宛に直接連絡が行く。森下氏は中川社長とは旧知の仲。また、新事業としてもつ業態に興味を持っていたが、鮮度のいい内臓肉を仕入れるルート開拓や、仕込みや焼きの技術習得は容易にはできない。

エビス参は東京・芝浦のと畜場から鮮度のいい朝挽きの内臓肉を直接仕入れ、店内で掃除、洗浄、カット、串打ちまで手がけており、さらに店長たちは焼成の技術も身につけている。それが売却に出ていると聞きつけ、コンタクトをとったというのが経緯だ。

互いの人柄を理解し合い、森下氏から直接中川社長に連絡してきたこともあり、当事者間で売却条件を調整することになった。中川社長は最初から売却すると腹を決めており、あさくまサイドも森下氏のトップダウンで話を進めたため、トントン拍子で交渉がまとまったという点ではレアケースといえなくもない。それでもこの事例をとりあげたのはM＆Aの交渉で重要なことは買い手のスピード感であることを示しているからだ。実は先にトップ面談を進めていた2社はともに決断を下せず交渉が長引いていた。

その点、森下氏は中川社長が希望した条件をすべて飲み込むと伝え、さらに中川社長を顧問として迎え入れてエビス参の実質的な責任者としての権限も与えた。一方で前出の2社は中川社長がエビス参の運営に携われるのは1年間のみという条件を提示していた。

しかし、エビス参をいちから築いてきた創業者が残るのと残らないのとでは現場スタッフの士気に与える影響も違う。とくに中川社長は社員との信頼関係が厚かったため、継続的にエビス参の運営に携われるかどうかが交渉のポイントだったわけだ。買い手にとっても現場が安心して仕事に取り組めるわけだから、森下氏の判断は適切だったといえる。

エビス参の事例でもうひとつポイントを挙げるとすると、中川社長が売り時を誤らなかったことだろう。利益をしっかり出しているタイミングで売りに出したからこそ、結果的にいい買い手が現れて、交渉をスムーズにまとめることができたのだ。

創業者が語る

事業売却の 理由と体験談

「エビス参」の事業譲渡を考えたのは２０１３年のことです。全店で利益をあげていましたから、規模の拡大をめざさないのであれば譲渡する必要はありませんでした。ただ、会社として社員に給与や待遇面で報いていくには持続的な成長が必要。そのためには新規出店が不可欠ですが、思うように人材が揃わず苦戦していました。

さらに新事業としてはじめたカフェ経営を軌道に乗せることができず、その影響で税金の滞納や厚生年金の未納が１０００万円ほど蓄積してしまいました。資金繰りも悪化し、この先に社員の生活を守れるのかという不安が大きくなった。僕がまだ20代、30代だったら、リスクを背負ってでも踏ん張れたと思いますが、当時すでに50代後半でしたから、そういうストレスから開放されたかったというのが正直なところです。

M&A事例

譲渡前の企業DATA

㈱ダイネット（現在、解散）
設立：2001年3月
資本金：1億円
売上高：3億円
従業員数：社員12人、パート・アルバイト60人

エビス参

㈱ダイネットの主力業態であるもつ焼き専門店「エビス参」は東京・芝浦から仕入れる朝挽きもつの串焼きを130～200円のプライスレンジで提供し、その価格を上回る商品力を武器に大ヒットを飛ばした。東京・世田谷エリアを中心に出店を進め、東京・三軒茶屋にある三茶仲見世店の客単価は2300円、17坪50席の規模で月商600万円を計上している。譲渡時の店数は直営５店、フランチャイズ２店だった。

ダイネット

事業売却の理由	資金繰りの悪化、人材難
目的	事業の継続と成長
手法	事業譲渡
譲渡ブランド	エビス参
譲渡時の店数	直営5店、FC2店
譲渡時の売上高	3億円
買収金額	非公開
買収企業	㈱あさくまサクセッション
M&A実施年月	2013年10月

過去にインクグロウ㈱主催のM&Aセミナーに出席した経緯から照井（久雄）先生に相談しました。簿外のリスクを考慮して株式譲渡ではなく、事業譲渡という形でM&Aのシナリオを描いてもらい、それに沿って候補を2社にまで絞ってトップ面談に臨みました。そうしたタイミングで旧知の仲である㈱あさくまの森下（篤史）社長から買収について話し合いたいとの連絡をいただきました。照井先生には申し訳ないことをしましたが、譲渡先をあさくまさんに絞り込んで売却交渉を進めました。

事業の将来性を考えた末の決断。社員の人生を背負うのが重圧だった

㈱あさくまサクセッション
顧問 **中川徹也**氏

13年10月にエビス参を事業譲渡しましたが、以降はあさくまのグループ会社である㈱あさくまサクセッションの顧問としてエビス参の事業運営に携わらせていただいています。現場の管理はマネジャーに任せており、僕は物件開発など新規出店業務に専念しています。森下会長からはエビス参の30店体制をミッションとして与えられていますが、売却前のように僕の独断だけで物件の契約ができないのは歯がゆいところですね。

M&Aで唯一苦労したのは家主さんとの賃貸借契約の引継ぎでした。東京・三軒茶屋の三茶仲見世店など世田谷区エリアの店は僕の出身地ということもあって、家主のほとんどが地元の先輩。「後輩のお前だから貸しているんだ」と引継ぎを渋られました。1年ほど通い詰めて最後は納得してもらいましたが、こればかりは大きな誤算でしたね。

事業買収事例――こころの場合

初のM&Aとしては適正なサイズ

静岡県西部で郊外型居酒屋「凛や」３店、鶏料理が主体の２８０円均一酒場「てらきん」３店を展開していた㈱静岡喜八郎は創業から26年が経ち、事業承継によるイグジットを模索していた。

２０１７年３月に同社を買収したのは同じ静岡県内で個室居酒屋「てんくう」10店などを展開する㈱こころ。日本オラクル㈱でＩＴコンサルティングに携わった渡邉一博社長と日本ＩＢＭ㈱でシステムエンジニアを務めた佐藤充晃副社長の２人が04年６月に設立した新興企業だ。外食事業がメインだが、外食店における売上げ管理、勤怠管理、受発注管理などを連動させたクラウドシステムを自社で開発している。

渡邉社長がＭ＆Ａに関心を示すようになったのも、このシステムをブラッシュアップするためにＩＴ企業を買収しようと考えたことだった。

しかし、仲介業者や金融機関から紹介されるのはほとんどが外食企業の案件。静岡喜八郎は弊社が仲介しており、この案件をこころに持ちかけたのは渡邉社長へのヒアリングを通じて焼とり店の業態開発や郊外エリアの展開に興味を持っていることを知っていたためだ。渡邉社長は将来的にシステムベンダーとしての道を模索しており、自社のシステムがてんくう以外の店でも機能するのか検証したかった。そうしたタイミングが重なったことで、M&Aの交渉がはじまった。

当時の静岡喜八郎の企業年商は5億5000万円、営業利益は1500万円という経営状況。当時の企業年商が10億円だったこころにとって、初のM&A案件としては適正なサイズといえよう。

シナジーを生んでこそのM&A

静岡喜八郎の事業が承継されたこともそうだが、こころのITシステムを導入したことでこれまで手書きしていた各店の経営数値が自動的に算出されるようになり、作業の効率化とコスト改善につながった。

こころには郊外型居酒屋のフォーマットを入手できた他、鶏モデルのてらきんのフランチャイズ化をスタートしたり、営業不振だったてらきんの郊外店をかねてより考案していた新業態「ベジ・ツリー・カフェ」に業態転換するなど、M&Aならではのシナジーがさっそく生まれている。さらに想定外のメリットもあった。静岡喜八郎は有力な地方銀行と良好な関係にあり、M&Aによって同行との関係性も引き継ぐことができたのだ。これを期に渡邉社長はこころの借入れを同行に一本化して有利な条件を引き出し、財務の健全化につなげている点も見逃せない。こうしたシナジーが生まれたのも地元で愛されてきた老舗ブランドを引き継いだからこそといえよう。

トップが語る

事業買収の狙いと体験談

弊社は外食企業でありながら、外食店の計数管理を効率化するシステムウェアの開発に取り組んでいます。食材の受発注や勤怠管理などのデータをクラウドサービスで管理し、そのデータをもとに損益計算や給与計算を自動算出できる仕組みを構築しました。

たとえばパート・アルバイトの給与計算にしても、店数が5店もあればその対象となる人数は１００人ほどになります。しかも、人によって時給が異なるため作業は煩雑です。勤怠をタイムカードで管理していると、給与計算に2日を費やしてしまう。

われわれも外食店を運営しているからその負担の大きさがわかりますし、収益を生み出さない管理部門の業務を合理化するシステムはニーズがあると考えています。

ただ、このシステムは自社業態である個室居酒屋「て

M&A事例

静岡西部に３店を展開する郊外型居酒屋「凛や」は全店平均で月商1500万円を計上する

企業DATA

㈱こころ
静岡県浜松市中区砂山町350 浜松駅南ビルディング7F-A ☎053-453-2655 設立：2004年6月
資本金：1000万円
売上高：9億5800万円（2017年3月期）
従業員数：社員40人、パート・アルバイト280人

こころ

事業買収の理由	事業の多角化
目的	事業承継
手法	株式譲渡
買収企業	㈱静岡喜八郎
買収時の店数	6店
譲渡企業の売上高	5億5000万円
M&A実施年月	2017年3月

㈱こころは静岡・浜松に本拠を置く外食企業で、県下に5業態16店を布陣。主力業態の個室居酒屋「てんくう」はパート・アルバイトのみで営業できるオペレーションを構築し、FLコスト50%という高収益フォーマットを確立している。創業者がIT企業出身ということから、勤怠管理や売上げ管理を連動させたシステムウェアを自社で開発し、管理業務の合理化を進めている。

んくう」10店でしか試していなかったため、これが他の店でも適切に機能するか検証したいと考えていました。とはいえ、それだけのために新業態を開発するわけにもいきません。そのタイミングでインググロウさんから㈱静岡喜八郎さんのM＆Aのお話をいただいたわけです。

課題解決の手段としてM&A実施。経営のスピード化も両立できた

㈱こころ
代表取締役社長 **渡邉一博**氏

創業から30年を超える歴史がある会社ですが、地元の顧客を囲い込んでいるため経営状態はいい。さらに主力業態の「凛や」が郊外で展開している点もポイントでした。てんくうの主要立地は市街地であるため、事業の拡大にあたって郊外展開のノウハウがほしかったんです。自社で郊外型のフォーマットをいちからつくっても当たるかどうかわかりませんから、そこに経営資源を投入するわけにいかない。すでに実績のある業態をグループに加えるのであれば、リスクがありませんから買収に踏み切ったのです。

今回のM＆Aを通じて郊外型の居酒屋と焼とりを主体とした280円均一酒場の2業態6店を取得しました。以前から焼とり店の業態開発を考えていただけに、時間と労力を省くことができましたね。さらに、自社開発のシステムウェアをトライアルするチャンスを得られたことも大きい。実際に凛やでは合理化につながる結果を得られており、多くの外食店でも導入できる普遍的なシステムをめざしてブラッシュアップを図っていきたいと考えています。

越後屋に見る、躍進企業のM＆A活用法

M＆Aの本質を理解し、それを上手に活用している外食経営者のひとりが㈱越後屋の江波戸千洋社長である。

2015年11月に立ち食いそばのヒットモデル「蕎麦 冷麦 嵯峨谷（嵯峨谷）」を㈱フォーユーに譲渡。この経験を糧にして17年12月には越後屋の全株式を国内の独立系投資会社である㈱J－STARに売却している。

外食企業のM＆A事例を紹介した第二章の締めくくりとして、越後屋の取り組みと、その背後にある江波戸社長の経営哲学を紹介しよう。

売却にあたって会社分割を実施

越後屋全株式の売却先であるJ－STARは国内の独立系投資会社であるが、売却にあたっては越後屋を会社分割している点にまず注目したい。

「炭火焼干物食堂 越後屋」「炭火焼干物食堂 しんぱち食堂」など和食関連の業態を集めた越後屋と、「自家製生麺専門店 POTA PASTA（ポタパスタ）」や「立喰い焼肉 治郎丸」のフランチ

ャイズ事業などを担う㈱弥七に事業を整理している。そのうえで越後屋をJ－STARに売却したのだ。

その狙いについては後述するが、江波戸氏は越後屋に再投資して20％の株式を取得して代表を継続。一方の弥七については70％の株式を保有するが、ナンバー2の相原啓之氏がトップに就任し、経営も一任している。

そもそもの売却の理由は、江波戸社長がかねてから描いてきた和食ファミリーレストラン（FR）の構想を実現するためだ。和食FRの展開には莫大な資金と専門知識を持ったエキスパートが必要であり、独力で進めるよりもファンドの支援を受けたほうが事業展開のスピードが速いと判断したわけだ。また、越後屋からポタパスタの運営を切り離したのも、江波戸氏が和食FRの事業に専念するための措置だろう。

J－STARは06年に創業したプライベート・エクイティ・ファンド。主に未公開株式に投資して経営権を取得し、事業価値の向上を目的としたバイアウト投資を手がけているが、ここで注目したいのは、J－STARが江波戸氏が描いた事業の将来性に対して投資している点である。

実績重視の金融機関から同条件の支援を引き出すのは難しく、そういった点でも事業のパートナーにファンドを選んだことは合理的な判断だったといえる。

ヒットモデル売却の背景

筆者が江波戸氏と知り合ったのはいまから6年ほど前のことで「M&Aを学ぶために会社を買いたい」（江波戸氏）というオファーをいただいたのがきっかけだ。ただ、当時はまだ外食のM&A市場が成熟しておらず、いまのように伸び盛りの企業や業態の売却案件が市場に出るケースはほとんどなかった。

江波戸氏が実際にM&Aを経験したのは買う側ではなく売る側としてだった。15年11月に先述した嵯峨谷を売却した経緯を、江波戸氏は次のように話している。

「それまで買い手の立場にいたから、どういう業態が求められているのかという仮説を立てていました。当時、嵯峨谷の店数は7店あり、多店化のポテンシャルを示すには十分な条件が整っていた。それで仮説を検証すべく売却を決断したんです」

嵯峨谷事業単体の売上げは4億5000万円。売却額の想定は3～4億円と聞いていたため、5億円以上で売れたことはわれわれ仲介業者も含め、外食業界内で話題になった。これは嵯峨谷というヒットモデルの将来性が評価されたからに他ならないが、この出来事が外食M&Aの注目度を高める一因となったといえるだろう。

「売ること」を前提にした新業態開発

江波戸氏がこの経験から学んだのは「新業態をつくる時は売ることを前提にすることが大事」ということだった。つまり、誰が、どのくらいの価格で買いたいと思う業態なのか。成長を支える業態の仕組み、適正な立地や規模、必要な商圏人口など、業態開発の際はそこまで考えるべきだという学びを得たわけだ。

また、バイアウトすることは事業責任者のモチベーションアップにもつながるという江波戸氏の考えもユニークである。売却時の時価総額、それを実現するための事業計画、さらに自身が手にする報酬額も含めて責任者に考えさせるという。つまり、めざすべきゴールが明確なほうがその業態を託されたスタッフの意欲も高まるというわけだ。

こうした考えに則って、越後屋は18年4月に東京・神宮前の商業施設「GEMS神宮前」にたちのすし店「よりぬき魚類　鮨処虎秀」をオープンしている。さらに別会社を設立し、とんかつ専門のファストフードの業態開発を進めており、物件が決まればすぐにでも出店できる準備が整っているという。和の新業態を立て続けに出店しているのは和食FRのパーツ開発の一環であろう。こうしたスピード感のある事業展開は、J－STARとのM＆Aにより江波戸氏が業態開発に専念できる環境が整ったからである。

トップが語る

躍進企業が売却した理由

17年12月に㈱越後屋の全株式を㈱J－STARさんに売却したのは、かねてから温めてきた和食ファミリーレストラン（FR）構想を実行に移すため。M&Aの目的は合理的でスピーディな店舗展開を実現するためです。これから和食FRのモデルづくりをスタートし、19年内にそれを固めたら一気に出店を仕掛けたい。そのためには莫大な資金や優秀な人材が必要で、それをJ－STARさんと協力しながら実現していきます。

譲渡先の選定にあたってはファンドや一部上場企業など20社ほどと面談しました。そこで僕が重視したのは事業の実現性を脅かす要因が少ないこと。経営に対する考えかたが大きく異なったり、意識せずとも経営者のスタイルを押しつけるようなプレッシャーのある企業とは関係が長続きしませんから、そういった点でもファンドと手を組むほうが安定した経営環境を整え

蕎麦 冷麦 嵯峨谷

自動製麺機の導入で「打ちたて、茹でたて」の十割そばを低価格で提供するセルフスタイルのそば店。2010年に開発し、東京都内で一気に7店まで展開した。客単価400円を切る価格設定ながら、坪月商70万～80万円を売る大ヒット店を連発。FLコスト48％と収益性も抜群で、これが事業売却の際に高い評価を得ることにつながった。

越後屋

会社の歩みとM&Aの経緯

2003年	江波戸千洋氏が建設会社在籍中に外食事業部を立ち上げる
2005年	建設会社の外食部門を買収し、㈱越後屋を設立
2010年	店数が10店に到達
2013年	店数が20店に到達
2014年	店数が30店に到達
2015年	立ち食いそば店「蕎麦 冷麦 嵯峨谷」7店を㈱フォー・ユーに売却
2016年	会社分割を実施し、和食関連の業態を展開する㈱越後屋と、パスタ店の展開および焼肉業態のフランチャイズ事業などを担う㈱弥七に事業を整理
2017年	㈱越後屋の全株式を㈱J-STARに売却

られると考えています。

ファンド＝会社を乗っ取られるという認識があるかもしれませんが、いまはそういう時代ではない。僕らのようなベンチャー企業がひらめいたビジネスアイデアを正当に評価してくださるし、計画の実現に必要なノウハウを惜しげもなく提供してくれます。金融知識に長け、ビジネス界とのネットワークも太い。ファンドは最強のビジネスパートナーだと考えています。

新業態は売却を前提につくる。経営者が買いたいと思う業態開発が肝

㈱越後屋
代表取締役 **江波戸千洋**氏

「工場的」な業態が高評価につながった

僕がM&Aを意識するようになったのは2012年の頃。よりスピード感のある事業運営を進めていくうえで、M&Aの知識を学びたいと考えたのがきっかけです。そこでまずは外食企業を買ってみよう、と。

しかし、当時の外食M&A市場にあったのは組織も事業もボロボロで利益が出なくなった企業など成長の見込みが低い案件ばかりでした。

それでも4年ほどかけてさまざまな案件を見てきましたが、買いたいと思うものに巡り合えなかった。次第に僕と同じようなジレンマを抱えている経営者は意外と多いんじゃないかと考えるようになり、多店化が軌道に乗りはじめた「蕎麦 冷麦 嵯峨谷（嵯峨谷）」を売りに出してみることにしました。

買い手としてM&Aを研究していたこともあり、嵯峨谷は高い評価が得られるという確信はありました。

たとえば接客が売りの居酒屋などは経営者が変われば、現場のサービス力も変わってしまいますが、嵯峨谷のような〝工場的〟な業態は誰が経営しても成功できますからね。狙い通りに外食企業だけでなく、異業種の大手企業からも多数のオファーをいただきました。

本件は事業の売買を経験することが目的でしたから、交渉で売却額を引き上げるつもりはまったくなかった。それでも事業総額が4億5000万円の嵯峨谷ブランドに対して複数社から5億円以上の評価をいただいたことには正直驚きましたね。

これを機に新業態を開発する時は将来の売却を視野に入れて考えるようになりました。買い手の視点からどういう業態がほしいのか、事業価値を最大化するにはどれだけの店数と売上げが必要なのかということを意識しながら業態をつくるほうが、ビジネスとして成功する確度が上がることは間違いないですから。

また、その事業を任される責任者にとっても、売却時に手に入る報酬も明示すれば、モチベーションを高いレベルで維持できる。いまや平均寿命も伸び、ひとつの会社で一生を終える時代ではなくなっているのですから、優秀な人材を囲い込むためにもこういう高額報酬という具体的な成功像が必要だと思います。

現在、出店準備に取り組んでいるとんかつのファストフードもバイアウトすることを前提に運営は別会社を立ち上げる予定です。もちろん、こうした事業の進めかたを経営パートナーであるJ-STARさんも理解してくれていますし、業態開発のサポートもいただいています。というのも、とんかつ専門店の出店は和食ファミリーレストラン（FR）の展開に向けた布石のひとつだからです。そのモデルづくりも順調に進んでいて、18年内には和食FRの1号店を出店したい。

実は同時並行で人工知能を活用した外食店向けの予約管理や店舗オペレーションの管理システムの開発も進めています。これもすべてJ-STARさんとタッグを組んだことで細かい管理業務から解放され、自分が得意な分野に専念できる環境が整ったからなんです。

第三章

台頭するファンドのM&A活用事例

ファンドの役割はこう変わった

この第三章では、投資ファンドが主導あるいは積極的にかかわることで実現したM&Aの事例を見ていくが、その前に投資ファンドのスタンスと果たす役割について解説しておこう。前に少し触れたように、現在の投資ファンドはかつての〝ハゲタカ〟などと呼ばれた悪しきイメージから脱して、M&Aにおける重要なパートナーになっているからだ。

下がってきたファンドの「投資基準」

外食業界で投資ファンドの存在がクローズアップされたのは2000年代初頭、すかいらーくやレインズインターナショナル、回転ずしのあきんどスシローといった大手外食企業がファンドに買収され、その傘下で企業再生をスタートさせたことだった。それらは売上高が数百億円から一千億円以上の規模であったため、投資ファンドはそうした大型案件しか扱わないという印象を持つ向きも多いだろう。しかし現在の投資ファンドは、まずその点が違ってきている。

第二章で紹介した越後屋などもそうだが、売上高20億円くらいの企業にも積極的に投資しようというファンドが増えているのだ。それは、大きく投資して大きなリターンを得られる大型案件が減っている一方で、ファンドに集まる資金は増えているという事情がある。ゼロ金利政策によって金融機関は資金を持っているだけでは損失が拡大する状況にあり、そこで投資ファンドが有力な投資先になっているのだ。また投資ファンド側にしても、大型案件ばかり追っていては投資先が見つからない。そうした事情が、投資レンジが下がってきている背景にある。

外食業界は他産業と比べて1社当たりの企業規模は小さいが、経営者のセンスやアイデア次第で急速な成長を遂げることも可能である。投資レンジを下げる必要がある状況下で、投資ファンドにとって外食業界自体が有望な投資先になってきているわけだ。また、投資ファンドは横のつながりが強く、どのファンドがどこに投資して成功した、といった情報交換も密に行なわれている。つまり、投資ファンドにとって外食企業が有望な事業パートナーになりうることが、この1～2年の間に広く知られるようになってきたのだ。

イグジットに向けた成長戦略が描きやすい

もうひとつ、投資ファンドにとっての外食業界の魅力は、成長戦略が描きやすいということだ。投資ファンドにはイグジット（出口）が必要であり、それは売却によってなされる。売却方法は株式上場（IPO）と事業会社への売却の2つがあるが、いずれにしても買収価格と売却価格の差がファンドの利益となる。つまり、いかに売却価格を高くできるかがファンドの腕の見せどころとなるわけだが、それには企業価値を高めなければならない。

外食業において企業価値を高めるための具体的な手段は、第一には店舗網の拡大である。強い業態を持っていても、資金不足や情報収集力がないといった理由で、出店スピードを上げられない企業は多い。そこにファンドの持つ資金や物件に関する情報、人脈を活用することで、成長を一気に加速することができる。つまりイグジットに向けた成長戦略が描きやすいということだ。

またもうひとつ、内部管理体制を整備することで企業価値を高めるというやりかたがある。中小規模の外食企業では労務管理やコンプライアンスの体制が手薄で、大きな内部リスクを抱えているケースが多いが、ファンドが関わることでそこがクリーンになる。さまざまな企業の案件を手がけてきたファンドは、そうした問題解決のノウハウを持っている。企業の内部リスクがなくなることで、大手企業などに売却しやすい案件になるわけである。

現在の金融情勢の中で、ＩＰＯがしやすい環境になっていることも追い風である。串カツ田中や鳥貴族など、最近ＩＰＯを果たした外食企業が上場時に好調な株価をつけていることも、ファンドの外食に対する投資姿勢を前向きなものにしている要因のひとつだ。

ファンドの投資期間は5～7年というのが標準的だが、その間どう企業価値を高めるかの「絵」を描きやすいことが、ファンドから見た外食企業の魅力といえよう。

「ともに成長する」というスタンスが明確に

先に述べたように、かつてのファンドによる外食企業への投資は「再生」という意味合いが強かった。成長が鈍化した企業が事業の再構築を図るため、一時的に上場廃止にして株主をはじめとするステークホルダーの数を一気に減らしたい時などに、ファンドがその引受先となってきたのである。ある意味では後ろ向きというか、膿を出しきるためにファンドの力を借りるという考えかたで、「ファンド＝再生屋」というイメージもここからきていると言えよう。

しかし現在のファンドはこの点でもスタンスが変わっている。ダメになった企業ではなく、成長している企業に投資して、さらに成長の角度を上げていこうと考えるファンドが増えているのだ。この後で紹介するアドバンテッジパートナーズによるスプラウトインベストメントへの投資はその好例だろう。また、越後屋の全株式を取得したJ－STARのスタンスも同様だ。

そうした事例では、ファンドは投資先のトップの掲げるビジョンや経営計画、さらにいえば「トップその人」に対して投資するという考えかたをとっている。だからM＆A後にトップがそのまま残ることを投資の条件としているところが多い。かつてはファンドが乗り込んできた結果それまでのトップが追い出されるという例があり、それがハゲタカというイメージにつながっていたわけだが、その点でも大きく異なっているといえるだろう。

持株比率についても、ファンドが100％を持つのではなく、トップに20～30％を持ってもらうというケースが多い。これには事業パートナーとしてトップにも責任を負ってもらうこと、企業価値を高めるために全力で取り組んでもらうこと、という2つの意味がある。また、イグジットの際にはトップにも持株の価値向上という大きなリターンがあるわけで、このことは事業に取り組むうえでのトップのモチベーションにもつながる。

成長戦略に合ったファンドを選ぶ

逆に言うと、トップに「企業（事業）を成長させたい」という強い思いがない場合は、投資ファンドと組むメリットはない。従来のやりかたでは5年で企業価値を3倍にするのがせいぜいのところ、ファンドの力を借りれば5年で企業価値を何十倍にもできるというのが、このアライアンスの意義だからである。

それを実現する手段としては出店加速の他に、海外への進出、さらには別の外食企業の買収などがある。いずれにしても自社の力だけでは到底できないことであり、それに取り組むうえで力を貸してくれるのが投資ファンドである。そうした前向きなタッグを組めるかは、トップ自身に成長に向けた強烈な意思があることが前提条件になるのである。

その意思があれば、M＆A後にファンドは経営計画の策定をはじめ、あらゆる局面でトップと二人三脚で取り組んでくれる。ファンド傘下になったからといって事業計画や予算が上から自動的におりてきたり、ファンドが考えた数字を一方的に押しつけられるわけではなく、そこはあくまで話合いである。ファンドが求める成長と、トップ自身が考える成長のすり合わせを、事前にしっかりとやっておくことが重要だ。

前述したように、ここにきて金融市場における投資ファンドの存在感は高まっており、ファンドレイズ（新規ファンドの立ち上げ）も増えている。ファンドによって得意とする業種やジャンル、投資スタンスや考えかた、理念などもさまざまである。そのため、投資ファンドに企業や事業を売却したい、あるいはファンドを通じて買収したいという場合は、できるだけ多くのファンドに会って話を聞くことが大事だ。

外食業界でM＆Aが増えているのは、経営者自身の意識の変化がひとつの要因だ。最近の若手経営者は、かつての経営者と比べて「会社は自分のものでなければ」という意識は弱い。大事なことは、よい商品やサービスを提供したり社員の生活を向上させていくことであって、それを実現するためには会社の枠組みにはこだわらないという経営者が増えている。

これはＩＴ業界などでは以前から顕著だったことである。自社にないものを持っていたり、活用できるノウハウを持ったところとは積極的に組むべきであるという考えかたで、投資ファンドの活用もその延長線上にあるものだ。その点で投資ファンドによるM＆Aが増えていることは、外食が産業としてより成熟してきたことを示す動きといえるだろう。

アドバンテッジパートナーズ／おいしいプロモーション

2017年1月、大ヒットブランドであるつけ麺専門店「二代目つじ田」と天丼専門店「金子半之助」がM&Aによって新たな運営会社のもとに収まった。その支援をしたのが、投資ファンドの㈱アドバンテッジパートナーズである。

二代目つじ田と金子半之助はいずれも繁盛店を連発、海外進出も果たしている。そうした成長期の企業がM&Aを考えた理由と、投資ファンドが果たした役割についてみていこう。

タイミングよく届いた経営支援の打診

東京都内で連日行列ができる繁盛店として知られるつけ麺専門店の二代目つじ田と、天丼専門店金子半之助。創業社長は幼馴染みという間柄で互いに切磋琢磨し、時には悩みを相談するなど、兄弟会社のように成長してきた。

ともに単品商売のスタイルを採用しており、看板商品を磨き込むことで集客を図るビジネスモデルを構築。国内の店数はそれぞれ10店を突破し、二代目つじ田は米国・ロサンゼルス、金子半之助は米国・ハワイや台湾に進出するなど同じような成長過程を辿ってきた。

それだけに次のステージに向けた課題に悩むのも同じタイミングだったようだ。当初は経営トップのマンパワーで乗り切ってきたが、店数が増えるにつれてそれではカバーできないケースが増えた。個人商店から会社組織に変わらなければならない時期にさしかかったのである。

そこにタイミングよく投資ファンドのアドバンテッジパートナーズから経営支援の打診が届いた。創業者は自らが手がけた業態が世界でも通用するコンテンツ力があることを知っているからこそ、さらなる成長をめざすべくM＆Aの道を選んだのである。そして、17年1月に3者による共同出資で㈱おいしいプロモーションを設立し、新たな経営体制を整えたというのが本件のおおまかな流れだ。

成長への課題だった本部機能を強化

両ブランドとも商品力や現場のオペレーション力については光るものがあるが、本部機能は家業の域を出ず手薄であった。このままの体制で事業規模を拡大していくことに不安を感じていたことがM＆Aのきっかけだったという。

譲渡先の選定にあたっては数社と面談をし、最終的にパートナーとして選んだのはファンドだった。さまざまな業種業態の経営をサポートし、企業価値を高めるノウハウに長けている点を評価したわけだ。また、事業会社に売却するとどうしてもその買い手企業の色がついてしまう。そこでファンドが出資する新会社に売却することで、それぞれの個性や企業文化といった独自のカラーを損ねることなく基盤を整える道を選択したと考える。

ファンドが経営に携わることで、経営陣が一新されるケースもある。しかし、二代目つじ田と金子半之助の場合は創業者の存在が大きく、経営には欠かせないという判断からおいしいコーポレーションの共同会長に就任している。物件開発や人材採用、財務などの本部機能は新会社が担い、創業者は両ブランドの統括者として商品のブラッシュアップや新業態の開発など得意分野に専念できる体制を整えたわけである。

創業者利益を確保し、創業者の能力も生かす

新会社のトップに就任した柴野智政社長はボストンコンサルティンググループで経営コンサルタントを務め、サントリーグループでは事業会社を立ち上げ、運営を指揮してきた。さらに㈱サザビーリーグ、カフェ・カンパニー㈱のマネジメント職を経験するなど外食経営に精通しているが、二代目つじ田と金子半之助の成長のポテンシャルは「非常に高い」と話す。さらに18年2月には根強い支持を得ているとんこつラーメン専門店の「田中商店」グループも系列企業に加わった。この3ブランドの展開にあたって柴野社長がその手腕をどう発揮していくのかが注目される。

外食のヒットコンセプトは創業者の熱意やカリスマ性によって一時期に急成長を遂げても、組織づくりがうまくいかずに力を失ってしまうことが少なからずある。いい商品、いい店をつくること

は得意でも、組織管理はまったく別の能力が求められるからだ。とりわけ成長期の企業は投資の連続でもあり、事業規模の割に借入れ額も多く、M＆Aの打診があっても創業者利益には結びつかないことも多い。

このケースはそうした利益を確保し、さらに創業者の能力を活かせるようにした理想的なM＆Aといえるだろう。今後、こうしたM＆Aはすぐれたコンテンツを持つ新興外食企業の成長スピードを加速する経営手法として定着していくと考えている。

変わってきた投資ファンドの姿勢

一方で、投資ファンド側の姿勢の変化にも注目したい。ファンドは最終的に売却益を得ることを目的としているわけだが、将来性のあるビジネスに出資し、その創業者と一緒になって企業価値を高めようという考えかたが主流になってきている。

さらに、かつてはM＆Aの対象が大手企業に限られていたが、近年は売上げ規模が10億円ほどの外食企業にも投資するケースが目立つ。ここで取り上げたおいしいプロモーションのケースは好例といえるだろう。

本件を担当しているアドバンテッジパートナーズのプリンシパル、市川雄介氏は「外食企業は有力な投資先になりつつある」と話す。その理由として外食業は他の業種と比べてビジネスモデルがわかりやすいことが挙げられる。出店を続けることで企業規模を拡大できるし、昨今は事業フィールドが海外にも拡がっている。そのため、安定した成長戦略が描きやすいのだ。

実際に二代目つじ田も金子半之助も独力で海外進出を成功させ、日本と同様に行列のできる繁盛店を生み出している。単品ビジネスのヒットモデルを構築できているため、勝ち筋を読みやすい。さらに、東京都内で10店出店できるなら大阪府内は6店というように市場規模をベースに出店計画が描きやすいことも大きい。

ただ、外食企業のM&Aにはリスキーな要因もある。残業代の未払いなど労務に課題を抱えている企業が多いことだ。ファンドは出資を検討する際に、労務問題をどう捉えているのかを市川氏に尋ねると、次のような回答があった。

「人材募集をかけてちゃんと応募がある企業であれば、ことさらそこを問題視することはありません。また、労務問題に限らずですが、われわれが独断で組織やビジネスモデルを変更することもない。投資先の企業さまには長期間にわたって積み重ねてきた文化や風土がありますから、特定の部分だけを適正化させても改善の効果は期待できません。それよりもこれまでの企業風土を尊重し、創業者と一緒になって課題解決に取り組むというスタンスを採っています」

つまり、ファンドだから特別ということはなく、そこは通常のM&Aと同じなのである。

ビジョンに合ったファンドを見つける

外食経営者のM&Aに対する知見が深まってきたことも、ファンドが台頭した一因であろう。ファンド側からM＆Aを仕掛けることもあるが、基本的には外食企業が事業譲渡を決定したうえで出資してくれるファンドを探すケースが主流だ。二代目つじ田と金子半之助の案件も同様で、双方の創業者が経営統合を決めてから複数のファンドにM＆Aを打診している。

また、アドバンテッジパートナーズ側が投資家という立場よりも経営陣に近い立ち位置をとっている点もポイントだ。市川氏がおいしいプロモーションの柴野社長に求めるのは会社の規模を単純に大きくすることではなく、品質を守り人材を育成することだという。それを徹底することができれば、自ずと店数は増えていくと考えているからだ。ある意味、業態にかける想いは創業者と同様といえよう。

もちろん、ファンドによってM＆Aに対する考えかたは異なる。経済学者にマルクス経済を専門にしている学者もいれば、近代経済学を専攻する学者がいるのと同様に、さまざまな考えかたがあるのは事実だ。だからこそ、交渉段階での話合いが重要になる。各ファンドがどのようなスタンスで経営支援にかかわり、自分の会社をどのようなプロセスで次なる成長ステージへ導いてくれるのかを見極める必要があるだろう。ちなみに、二代目つじ田と金子半之助の創業者がパートナーを選ぶ際に重視したのは、経営の舵とりを一緒にするうえでの支援体制の厚さだった。

そういった意味で、このケースは示唆に富んだ事例である。売却する企業の経営者がはっきりした目的を持ってM＆Aを決定し、それを実現してくれるファンドを探し出したのである。数年後のおいしいプロモーションがどのような成長を遂げているか、期待したい。

経営トップが語る

売却に踏み切った理由

躍進企業が

㈱おいしいプロモーションは2017年1月に設立された持株会社で、つけ麺専門店「二代目つじ田」を運営する㈱H.I.T WORLDと天丼専門店「金子半之助」を展開する㈱バイザ・エフエムをグループに連ねています。そこに投資ファンドの㈱アドバンテッジパートナーズが経営に加わり、各々が得意とするフィールドで力を出し合ってさらなる成長をめざしています。

18年2月にはとんこつラーメン専門店「田中商店」の運営企業である㈱GMSを新たなビジネスパートナーとして迎え入れました。田中商店は二代目つじ田の創業者が懇意にしていたラーメン店で、この3者はもともと親しい間柄にありました。それぞれの事業内容を知っているし、同じような経営の悩みを抱えていたことから、ともに歩んでいこうとなったわけです。

二代目つじ田と金子半之助はどちらも経営母体を法人化していますが、実情としては家族経営の延長でした。組織が大きくなっていくとある段階で、家業から企業へと生まれ変わるステージを迎えます。両社とも店数が10店ほどに達したところで、バックオフィス部門を強化して会社を組織化していく必要性を感じたようですね。

ただ、そのための具体的な手法がわからない。そこで組織づくりや管理業務を得意とする企業に売却し、再出資をして事業を一緒に大きくしていこうという結論に至ったのです。

3者が異なる得意分野を持つ強み

創業者にとって、これはまさに第二の創業。新たなパートナーたちと新しい体制をつくっていくわけですから、これまで以上に事業に対するモチベーションは高まっていますし、僕が指示しなくても提案がバンバンあがってくる。いいパートナーシップを築けていると思っています。

３者の得意とする分野がそれぞれ異なっているという点も大きいですね。立地にしても20坪程度の路面店なら二代目つじ田がいいし、商業施設なら金子半之助、郊外ロードサイドなら田中商店と案件に応じて業態を選ぶことができる。これは出店戦略を立てるうえで大きなアドバンテージです。

事業成長こそがわれわれの目的。創業者にとってM&Aは第二の創業

㈱おいしいプロモーション
代表取締役 **柴野智政**氏

また、経理財務や店舗開発、人事などの本部機能を整備した結果、本部スタッフは10人ほどの体制になり、チームとして動けるようになりました。機動力が高まるし、経営のシナジーも生まれやすくなっています。

現在、この３ブランドで日本、アジア諸国・地域、米国に50店を展開しています。いずれも単品ビジネスで、しかも国内だけでなく海外でもお客さまが行列をつくるほど支持されています。僕はさまざまな外食ビジネスに携わってきましたが、おいしいプロモーションはこれまでにないユニークな事業展開ができると期待しています。

また、新会社の設立から1年が経ち、ようやく体制が整いましたから、強いコンテンツを持つ新興の外食企業のM＆Aは今後も取り組みたいと考えています。新しい仲間として迎えるならとんかつやカレーなど単品ビジネスのヒットモデルであれば、お互いにシナジーを発揮できると考えています。そういうビジネスパートナーを国内だけでなく海外からも求めていきたいですね。

ファンド責任者が語る

出資後のファンドの経営スタンス

「二代目つじ田」と「金子半之助」のそれぞれの創業者は新運営会社である㈱おいしいプロモーションの共同会長に就任され、再出資して株主にもなっていただいています。われわれとの関係は良好で、いまも事業展開に対するアドバイスを頂戴し、商品開発などにも熱心に携わっていらっしゃいます。

また、会社を売却したからといって創業者が情熱を失うことはありませんでした。むしろ新たな仲間と次なるステージに向かってモチベーションがさらに上がっているように感じています。時にはこちらが音を上げるくらい熱心ですよ。

われわれはそうした創業者の想いに賛同し、一緒になっておいしいプロモーションという新会社の企業価値を高めていきたいと考えています。また、出資者という立場ですが、現場に入って業務運営を直接することはありません。あくまでも、運営はおいしいプロモーションの経営陣の担当。施策の提案や経営判断の議論はしますが、実行段階では新会社の柴野智政社長に一任しています。

このように事業を直接指揮することはしませんが、新たな施策を打ち出すにあたって必要な情報やノウハウなどはできる限り提供します。われわれは消費財関連を中心にさまざまな業種に関する経営の知見を蓄積していますからね。

バイアウトのために出店を急がせない

ファンドは最終的には株式上場や売却によってイグジットを図るわけですが、そのためにも企業価値を高めることが絶対条件。ただ、それは経営陣にとっても株主にとってもプラスになりますから、われわれとの間に齟齬が生じることはありません。

それに営業の現場を見ていると、われわれも自ずとそういう考えになってきます。たとえば、東京・新御茶ノ水にある二代目つじ田の本店はオープンから15年以上が経過しているのにいまだに行列が絶えません。東京・三越前にある金子半之助本店も同様に、営業開始前からお客さまが並び、開店と同時に満席になる。それが日本だけでなく海外でも同じ状況を生み出しているわけです。

　これだけお客さまに熱烈に支持されるビジネスモデルには感服しますよ。われわれとしてもこれらのブランドがどこまで成長できるのかをこの眼で見たいという気持ちになる。そして経営のパートナーとして、そうしたビジネスにかかわれることは大変な喜びでもあるのです。

想いを同じくするパートナーとして
ブランド価値の最大化に努める

㈱アドバンテッジパートナーズ
プリンシパル　**市川雄介**氏

　もちろん、事業規模の追求の背景にバイアウトがあることは否定しません。ただ、そのために出店を急ぐという考えはない。人材を育成し、商品やサービスのクオリティを保ったうえでの店数増は歓迎ですが、そうでないうちに出店を進めてしまっては元の価値を棄損する可能性がありますからね。そういう事例を実際にこれまでいくつも見てきました。われわれはリテールの経験があるため、外食事業のチェーン化で陥りやすい課題を類推し、適切なアドバイスができると自負しています。

　柴野社長、両共同会長にはわれわれを事業拡大のためにうまく利用していただいていると思っていますし、私自身も労を惜しまずに協力していきたいと考えています。

アント・キャピタル・パートナーズ／スプラウトインベストメント

アント・キャピタル・パートナーズ㈱（ACP）は2017年12月に「イカセンター」や「鳥波多゛」などのヒットブランドを展開する㈱スプラウトインベストメント（スプラウト）の全株式を、当時スプラウトの社長であった藤嶋健作氏および幹部陣と共同で取得し、資本業務提携（M&A）を成立させた。

スプラウトは元会長の高橋誠太郎氏が02年7月に創業した外食企業だ。居酒屋「釣船茶屋ざうお」のフランチャイズ店を出店して03年に外食事業に参入し、藤嶋氏との二人三脚で事業を拡大していった。07年11月には卸事業を手掛ける子会社を設立し、活イカを安定供給できる独自の流通網を整備。これによって活イカの姿造りを2900円～というお値打ち価格で提供し、一躍業界の注目を集めた。11年2月には希少部位に特化した焼とり居酒屋の鶏波多゛を東京・人形町にオープン。独自の流通機能を活用して産地から直送した食材ならではの商品力とお値打ち価格で多くの顧客の支持を得てきた。

米国の事業に専念するため事業譲渡を決意

ＡＣＰがスプラウトへの資本参画を決めた理由もここにあるのだろうが、ヒット業態の多店化に成功していたスプラウトはどのような経緯で外部資本の受け入れを決断したのか。本事例は企業が成長を遂げる中で起こり得るできごとなのでここで触れたいと思う。

単刀直入にいうと、高橋前会長が独自に展開していた米国での事業に専念することになったのがきっかけだ。また、国内消費動向についても低価格の居酒屋を歓迎する傾向が強まり、居酒屋業界の潮目が変わりつつあった。そうした状況に一層の経営強化の必要性を実感していたが、両事業の両立は困難ということで事業譲渡という結論に達したという。その考えは17年2月の段階で藤嶋氏にも知らされていた。現在スプラウトの代表取締役を務める藤嶋氏は当時の状況をこう振り返る。

「売上げが目立って落ち込むことはありませんでしたが、業態の地力は明らかに低下していた。早いうちに手を打たなければ、というタイミングだっただけに、事業譲渡という形で新たなパートナーを招き入れる選択肢を採ることになりました。前会長の高橋（誠太郎）に財務全般を任せる代わりに、僕は業態開発や現場の運営を統括していましたから、事業譲渡をしなくても会社を存続させることはできたと思います。ただ、それまで2馬力のエンジンで走ってきたのに、1馬力になるのでは会社としての推進力が落ちてしまう。それで国内の未上場企業に対する投資および成長支援で実績をあげているＡＣＰさんと最終合意をしました」

「イカセンター」を超える画期的な業態開発を

資本業務提携という決断に踏み切ったのは事業基盤をより強化し、永続的な発展をめざすためだったわけだ。創業者はいなくなったが、運営のトップが残っていたため、とくに問題なく新体制に移行できたという。

藤嶋代表は組織運営体制の抜本的な強化を図るべく、業態別に設立した運営子会社をすべて吸収合併し、スプラウトに再度一本化した。また、再出発の象徴として、18年7月には東京・新宿にあるイカセンター 新宿総本店の大改装を進めている。そのタイミングで、会社の公式サイトもリニューアルし、企業理念を全面刷新。さらに、新業態の開発にも着手するなど新たな施策を次々に打ち出している。新体制になってまだ半年が経過したところだが、M&Aによるシナジーについて藤嶋代表は次のように話してくれた。

「われわれのビジネスモデルの根幹は自社流通網で仕入れた圧倒的な価値のある食材をバリューのある価格で提供すること。こうした強みを強化すべく国内有数の研究チームと共同で新技術の開発に取り組んでいます。詳細は明かせませんが、これが実現すればイカセンターを超える画期的な事業が実現できると考えています。これもACPさんが仲介して実現した取組みのひとつ。ファンドならではの経営ノウハウやネットワークを経営に活かせるわけですから、今後の展開が楽しみでなりません」

藤嶋代表たちがイカセンターをどのようにリブランディングしていくのか、今後の事業展開に関心が高まるばかりだ。また、スプラウトはこれまでに個店をM＆Aしてスピーディな事業展開をめざしていただけに、その道のプロ集団と組んだことでM＆A戦略をどのように仕掛けていくのか。その点もこれからの注目ポイントである。

ファンド側はハンズオンスタイルを実践

それでは視点を変えて、もう一方のM＆A当事者であるファンドがスプラウトをどう評価したのかを見ていこう。

本題に入る前にファンドのタイプについてあらためて説明しておこう。読者の多くは経営不振に陥った企業の株式を安値で取得し、事業再生後に高値で売り抜ける企業再生ファンドを思い浮かべるかもしれない。ただ、昨今の外食業界のM＆A市場においては将来性のある事業を展開する企業に出資し、プロパーの経営陣と一緒になって企業価値を高める成長支援型のファンドがメインプレイヤーになっている。スプラウトと資本提携を結んだACPも同様である。

ACPは国内の未上場企業に対する投資と成長支援で実績をあげているが、その特色は事業の運営に直接関与するハンズオンスタイルを実践していることだ。実際に、ACPから3人のスタッフをスプラウトに派遣しているが、藤嶋代表と一緒に経営の舵とりをしている共同代表の伊藤尚毅氏は投資手法のスタンスについて次のように話す。

「弊社は投資事業で収益を上げていますが、いずれのメンバーも事業家のマインドを大事にしています。そのため、取締役会にだけ出席し、用意された資料を見て経営課題を指摘するのではなく、パートナー企業に常駐し、事業運営に密接に携わります。現場の実情や苦労を知るからこそ、真の課題解決につながる提言や実践的なサポートができるのです」

競合他社がマネできない事業であることの強み

日本の外食業界は市場全体が成熟化しており、過当競争ともいえる状況だ。その中で生き残っていくためには時流に応じて業態を転換していくことが必要ともいわれるが、投資業界においては流行に左右される事業は継続的な成長戦略を描きづらいため、ネガティブな評価につながりかねない。ACPがスプラウトを評価したのは、そうしたトレンドに左右されない事業を展開していることだった。スプラウトの主力業態であるイカセンターは東京都内を中心に10店を展開しており、1号店のオープンから10年が経ったいまも高い集客力とブランド力を維持していることがポイントになった。さらに伊藤共同代表はイカセンターの強みについて「活イカの仕入れや管理の仕組みを知ると、いかに大変なことをやっているかがわかる。この業態が競合他社に模倣されづらい点も大きかった」と話す。

活イカを安定供給できる独自の流通網を整備し、さらに多くの漁港関係者や漁師との信頼関係を築いたことがイカセンターのビジネスモデルの根幹になっている。しかし、弱点がないわけではない。活イカの供給量を増やすことは容易ではないため、多店化を進めづらいのだ。さらに藤嶋代表が仕入れ先の開拓を主導し、漁師との信頼関係を築いてきたが、それを他のスタッフに引継げていないという懸念もある。伊藤共同代表もその点については認識しているが、「どのような事業でも長所と短所は表裏一体です。そうした壁を乗り越えた先にさらなる成長があるのです」と語る。

一般的にファンドの投資期間は5年前後といわれている。ACPはイグジットをどのような形で想定しているのか伊藤共同代表に尋ねると次のような回答があった。

「実際には戦略的にあの手この手を打って、イグジットをプランニングできるものではありません。むしろ、思い描いた通りにいかないのが常です。当面は既存業態をテコ入れし、新規出店により事業拡大をめざすことに専念します。企業体の成長によりブランド価値を上げ、交渉力を高めることでイグジット戦略の選択肢が拓け、良縁が自然と生まれるものと考えています」

先述した通り、スプラウトは18年7月に東京・新宿のイカセンター 新宿総本店のリニューアルを実施し、さらに既存ブランドのスピンオフ業態の出店にも着手している。ACPとの資本業務提携ははじまったばかりだが、次にどのような一手を打つのか、藤嶋代表と伊藤共同代表による新体制下での事業展開に注目していきたい。

経営トップが語る

事業売却に踏み切った理由

成長企業が

㈱スプラウトインベストメント（スプラウト）は創業者である高橋（誠太郎）が資金調達や物件開発、僕が産地開拓や業態開発などを担当するというツートップの体制を採ってきました。ただ、事業の最終決定権はオーナーである高橋が握っていた。そのトップがいきなり辞任するということになれば現場は混乱してしまうし、それによってスタッフの心も離れてしまう危険も考えられました。それだけに、アント・キャピタル・パートナーズ㈱（ＡＣＰ）さんとの資本業務提携という形で経営を新体制に移行できたことは有り難かったですね。幸い、創業以来変わらず僕が現場の運営全般を担ってきたため、トップが変わってもスムーズに新体制に移行できました。

資本業務提携後は、主力ブランドである「イカセンター」新宿総本店のリニューアルに取り組み、これを契機にふたたび新規出店に力を入れていきたいと考えています。また、新たな焼とり業態の開発も進めており、18年9月には東京・大森に1号店をオープンする予定です。さらに鮮魚を売りにした大衆酒場の開発も進めています。経営体制が変わったことで、これまでセーブしていた新規出店に邁進できるようになり、僕も含めて現場の意欲は高まっていますね。

会社の成長こそ両社にとってのメリット

また、社内に商品開発、人材開発、販売促進の3部門を発足しました。チームリーダーは現場から意欲のあるスタッフを選抜しており、人材開発チームであれば業態の垣根を越えた異動を自由に発動できる裁量を与えています。こうした人事方策は社員のモチベーションアップにつながっています。さらにＡＣＰさんが紹介してくれた人材コンサルティング会社に採用業務の効率化支援を依頼したことで、社員1人当たりの採用費が劇的に下がるなど、すでにさまざまな体質改善が進んでいます。

組織体系としては従来通りのツートップ体制を採っており、これまで高橋が担ってきた財務および管理業務全般をＡＣＰさんから出向してきた伊藤（尚毅氏）が担っています。外食業界ではファンドというとまだ誤解されているところが多いようですが、今回の資本業務提携が企業成長のみならず、当社で働くスタッフ

M&Aによって経営者として見える世界が広がりました

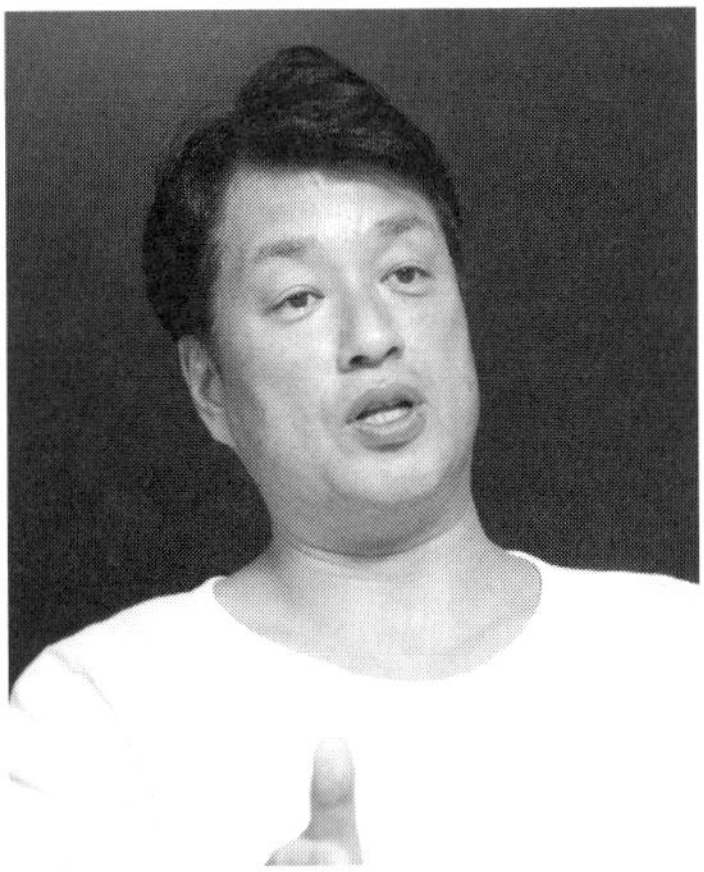

㈱スプラウトインベストメント
代表取締役 兼 代表執行役員
藤嶋健作氏

のためにもなると信じています。

伊藤と僕とは機会があるごとに打合せを重ねていますから、コミュニケーション量は十分です。そもそも会社を成長させることが両社のメリットになるわけですからね。ＡＣＰとの協力体制はいっさい揺るがないと断言できます。

当然ながら、最終的にはイグジットがありますが、それをどういう形でするかはまだ考えていません。それよりも、いまは事業基盤を強化して成長スピードを高めることが最優先と考えています。事業規模が拡大すれば、自ずとその道が見えてくるだろうと話し合っています。

企業としての地力をつけるためには出店を継続していくことが欠かせません。それをパートナーである伊藤と一緒に考えていきたい。そういった意味でも、ＡＣＰさんが持つ資金力や経営ノウハウ、ネットワークを活かせるのは心強いですね。大袈裟かもしれませんが、経営者として見える世界がこれまでとはまったく違うと実感しています。

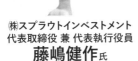

ファンド責任者が語る

パートナー企業への投資スタンス

アント・キャピタル・パートナーズ㈱（ＡＣＰ）は以前にも外食企業との資本業務提携を実施したことはありますが、居酒屋をメインとした企業は今回が初めてです。

外食市場は飽和状態であり、業態の短命化も進行していますから、外食業そのものに対しては厳しい捉えかたをしています。しかし、「イカセンター」を筆頭に㈱スプラウトインベストメント（スプラウト）が展開する業態はいずれも商品力や価格訴求力などに優位性があり、30年後も存続できる長寿型の事業モデルだと考えています。

とはいえ、その勢いは少しずつ衰えますから、２０１８年2月からイカセンターのリブランディングに取り組んでいます。単に老朽化した設備を改装するだけではなく、お客さまのニーズに合わせて商品の品揃えや接客スタイルなども進化させています。

この取組みはＡＣＰが主導したものではありません。スプラウト代表である藤嶋（健作氏）の発案であり、その具現化をサポートすることがわれわれの役目。藤嶋と私の共同経営という体制を採っていますが、出店計画やM&A戦略といった経営の舵とりをするのは藤嶋がメインです。

まず足場を固めてから次のステップに移行

もちろん、ＡＣＰとしては最終的にはイグジットをするわけですが、その具体的な計画はまだ考えていません。いまは組織としての足並みを揃えている段階です。適切な表現ではないかもしれませんが、小さな子供のサッカーのようにみんなが夢中になってひとつのボールを追いかけるような進めかたをしながら、それぞれの経営課題の本質を探っているところなんです。現場に対しては会社が決めた運営ルールの徹底や顧客満足度の向上を最優先事項に掲げています。こうして足場を固めてから、次のステップに移行したいと考えています。

ただ、当社では既存ブランドのスピンオフ業態を2つ用意しており、新規出店と既存店の業態転換という形で計3店をオープンすることが決まっています。さらにフランチャイズ展開を見据えた新業態の開発にも着手し、M＆Aの事案などもある。藤嶋の頭の中はやりたいことが山ほどありますから、それらに優先順位をつけて着実に進められるようにするのもわれわれの役割だと認識しています。

組織体としては事業規模の割に管理体制は未整備の部分が多いという評価でした。ただ、FL値を高く設定して食材に特化することがスプラウトのビジネスモデル。管理体制については、収益を確保するために間接部門を徹底してスリム化してきた結果ともいえるため、その基本方針は維持していきます。労務管理も経営課題のひとつですが、十分にコントロールが可能という理解で、そこは資本業務提携時に大きな問題にはならなかったですね。

ファンドは業態をつくることはできませんが、それ以外の経営支援は得意とするところ。いまはそれこそ名刺を発注したり、事務所の備品を購入したりといった細かいレベルの雑務などもこなしながら、経営陣と一緒に目の前の経営課題の改善に取り組んでいます。高橋（誠太郎）前会長から受け継いだこの会社を次の成長ステージに押し上げたいですね。

常駐して運営に直接携わる。現場と同じ目線で経営を考えます

㈱スプラウトインベストメント
代表取締役 **伊藤尚毅**氏

外食M&Aに関するファンドアンケート

Q1 外食業への投資に興味がありますか。

Q2 Q.1ではいとお答えした方
興味のある投資対象（業種業態）はありますか。

Q3 Q.1でいいえとお答えした方
外食業への投資に興味がない理由を教えてください。

Q4 投資対象となる売上高／営業利益を教えてください。

Q5 投資サイズの指標はありますか。

Q6 過去に外食企業に投資したことはありますか。

Q7 Q.6ではいとお答えした方
その時の投資先の売上高／営業利益を教えてください。

J-STAR㈱

東京都千代田区有楽町1-12-1 新有楽町ビル2F
TEL 03-6269-9701

A1 はい

A2 アルコール業態

A4 売上高　30億円以上
営業利益　3億円以上

A5 投資サイズ　10億～30億円

A6 はい

A7 売上高　30億～50億円
営業利益　5億円以上

アント・キャピタル・パートナーズ㈱

東京都千代田区丸の内1-2-1
東京海上日動ビルディング新館5F

A1 はい

A2 アルコール業態、非アルコール業態

A4 売上高　100億円以上
営業利益　5億円以上

A5 投資サイズ　30億円以上

A6 はい

A7 売上高　10億～30億円
営業利益　3億～5億円

ジャパン・インダストリアル・ソリューションズ㈱

東京都千代田区丸の内2-2-2 丸の内三井ビルディング3F
TEL 03-6268-0330

A1 はい

A2 アルコール業態、非アルコール業態を問わず、キャッシュフローが安定し、成長性の高い業態

A4 売上高　50億円以上
営業利益　5億円以上

A5 投資サイズ　30億円以上

A6 はい

A7 非公開

キャス・キャピタル㈱

東京都千代田区一番町2 パークサイドハウス5F
TEL 03-3556-5990

A1 はい

A2 外食企業全般

A4 売上高　30億円以上
営業利益　3億円以上

A5 投資サイズ　10億円以上

A6 はい

A7 売上高　50億円以上
営業利益　3億円以上

ペルミラ・アドバイザーズ㈱

東京都港区赤坂1-11-44　赤坂インターシティビル3F
TEL 03-6230-2051

A1 はい
A2 アルコール業態、非アルコール業態
A4 売上高　　100億円以上
営業利益　5億円以上
A5 投資サイズ　30億円以上
A6 はい
A7 売上高　　100億円以上
営業利益　5億円以上

ニューホライズン キャピタル㈱

東京都港区西新橋2-8-6 住友不動産日比谷ビル4F
TEL 03- 3519-1260

A1 はい
A2 外食企業全般
A4 売上高　　30億円以上
営業利益　3億円以上
A5 投資サイズ　10億円以上
A6 はい
A7 非公開

㈱丸の内キャピタル

東京都千代田区丸の内3-1-1 国際ビル6F
TEL 03-6212-6400

A1 はい
A2 ファミリーレストランやカフェなど、チェーン展開している非アルコール業態
A4 売上高　　100億円以上
営業利益　5億円以上
A5 投資サイズ　30億円以上
A6 いいえ

平安ジャパン・インベストメント㈱

東京都千代田区大手町1-1-1
大手町パークビルディング7F
TEL 03-5575-3328

A1 はい
A2 アルコール業態、非アルコール業態
A4 売上高　　50億円以上
営業利益　3億円以上
A5 投資サイズ　10億円以上
A6 いいえ

ライジング・ジャパン・エクイティ㈱

東京都千代田区大手町1-7-2 東京サンケイビル27F
TEL 03-4500-9590

A1 いいえ
A3 参入障壁が低く、経営状況の浮き沈みも激しいため、高利回りを追求する投資対象として魅力に欠ける。また、労働集約型産業であるため、人手不足の現状を考慮すると投資効率がいいとは言えない
A4 売上高　　10億円以上
営業利益　3億円以上
A5 投資サイズ　10億円以上
A6 いいえ

ベアリング・プライベート・エクイティ・アジア㈱

東京都港区六本木1-9-10
アークヒルズ仙石山森タワー29F

A1 はい
A2 海外展開の可能性がある業態
A4 売上高　　100億円以上
営業利益　5億円以上
A5 投資サイズ　30億円以上
A6 いいえ

M&A基本用語集

▶**イグジット**
企業の株式などを売却することや株式上場させることで、投資回収すること。

▶**MBO(Management buyout)**
マネジメントバイアウト。買収対象会社の経営陣が対象会社を買収する手法。

▶**LOI(Letter of intent)**
意向表明書。買収企業が売却企業に買収目的や金額などの意向を伝えるための書面。

▶**LBO(Leveraged buyout)**
レバレッジドバイアウト。買収企業が売却企業の資産やキャッシュフローを担保に買収資金の一部を調達して買収する方法。

▶**会社分割**
会社がその事業に関して有する権利・義務の全部または一部を会社に承継させる方法。

▶**合併**
複数の企業がひとつの企業に移行すること。

▶**株式交換**
発行済株式の全部を他の会社に取得させる会社法上の組織再編行為をいい、既存の会社間において100%親子関係を実現するための手続きのこと。

▶**株式譲渡**
株式を売却すること。

▶**基本合意書**
本契約に先立って締結する合意書。この段階で独占交渉権が付与されることが多い。

▶**事業譲渡**
事業（店舗など）を売却すること。

▶**CA/NDA(Confidencial Agreement/Non-Disclosure Agreement)**
秘密保持契約書のこと。

▶**資本提携**
株式を保有するなどして、企業の協力関係を強化する方法。

▶**正常収益力**
事業そのものが持つ収益性のこと。たとえば事業に関係ない費用などを決算資料から引くなどして正常の収益力をみることをいう。

▶**チェンジオブコントロール条項**
資本拘束条項。M&Aが行なわれた際に契約内容に何らかの制限が与えられてしまう条項のこと。

▶**TOB(Take over bit)**
株式公開買付け。不特定多数の株主から市場外で株式を買い集める制度のこと。

▶**デューデリジェンス**
M&Aを行なう際に企業の状況を調査すること。主に財務・法務・事業について調査を行なう。

▶**ネームクリア**
ノンネームで提供した企業情報について売却企業名を買収を検討している企業に伝えること。

▶**ノンネームシート**
M&Aを行なう際に企業名を匿名にするなど企業が特定されないような内容でまとめた資料。

▶**バリュエーション**
企業や事業の価値計算や経済性評価のこと。

▶**プライベート・エクイティ・ファンド**
複数の機関投資家や個人投資家から集めた資金をもとに事業会社を買収することを目的とした投資ファンド。

▶**簿外資産(簿外債務)**
決算資料など帳簿上に載っていない資産や負債のことをいう。

▶**レーマン方式**
M&A仲介会社などが受け取る成功報酬の一般的な計算方法。

【著者紹介】

照井久雄（てるい・ひさお）

2002年㈱ベンチャー・リンクに新卒で入社。提携FC本部の㈱レストラン・エクスプレス（現社名：㈱ライドオン・エクスプレス）に出向しFC本部の立ち上げ支援を経験。2006年にIPO専門の証券会社に転職し数社の上場主幹事業務（公開引受業務）を手がける。IPO支援先では、売上10億円規模から数年で100億円規模まで成長した企業の支援を行なう。IPO環境悪化に伴い、投資銀行業務として中小企業を中心としたM&A業務に従事した後、「中小企業の事業承継」に特化したコンサルティング活動を行なう。新興上場企業などの成長企業の経営者と事業承継検討先の経営者をマッチングし、企業の成長支援をすることが得意。2013年4月よりインクグロウ㈱に合流し取締役事業戦略部長に就任。中小企業診断士。

インクグロウ株式会社

全国120以上の地域金融機関と業務提携し中小企業支援業務を手掛ける。事業承継問題へのニーズの高まりを受け、2013年に事業戦略部を発足。事業承継の課題解決のみならず、不採算事業の売却、非コア事業の売却など、M&Aを活用した企業支援に目覚ましい実績をあげている。

本社所在地／東京都中央区人形町1-2-5 人形町ビル8F
TEL03-6264-9379

M&Aで外食は年商30億円を突破できる

初版印刷　2018年9月5日
初版発行　2018年9月20日

著者©　照井久雄

発行人　丸山兼一
発行所　株式会社 柴田書店
東京都文京区湯島3-26-9 イヤサカビル　〒113-8477
営業部　03-5816-8282（注文・問合せ）
書籍編集部　03-5816-8260
URL http://www.shibatashoten.co.jp

印刷・製本　株式会社 アド・クレール

ISBN 978-4-388-15442-5
Printed in Japan